Dirk Kurbjuweit

ANGELA MERKEL

Die Kanzlerin für alle?

Carl Hanser Verlag

1 2 3 4 5 13 12 11 10 09

ISBN 978-3-446-20743-1

Satz: Satz für Satz. Barbara Reischmann, Leutkirch
Druck und Bindung: Friedrich Pustet, Regensburg
Printed in Germany

INHALT

EINFÜHRUNG UND DANK

Der Airbus A310 der Luftwaffe ist vor einer Stunde in Tegel gestartet und schwebt auf Reiseflughöhe in Richtung St. Petersburg. Das Frühstück ist gegessen, im Heck warten zwanzig Journalisten auf das Signal, dass sie nach vorne kommen können. Die Bundeskanzlerin beginnt ihre Auslandsreisen mit einem Briefing der Journalisten, die sie mitnimmt. Tatsächlich taucht nun Regierungssprecher Ulrich Wilhelm auf und bittet nach vorne in den Loungebereich der Maschine. Alle beeilen sich, sie wissen, dass nur die ersten einen Sitzplatz bekommen werden, kleine Drängelei im Gang. In der Besprechungslounge stehen sich zwei gut gepolsterte Sitzbänke gegenüber. Auf der Bank zum Bug hin wird in der Mitte ein Platz für die Bundeskanzlerin frei gehalten. Dort liegt ein Mikrophon. Die kleine Lounge ist bald überfüllt. Ein paar Journalisten sitzen auf dem Boden, viele stehen.

Angela Merkel kommt, dunkelblauer Hosenanzug. Wilhelm raunt ihr zu, dass das Mikro nicht funktioniert, sie lächelt säuerlich. Auf einem ihrer ersten Auslandsflüge als Bundeskanzlerin fand sie es anstrengend, ohne Mikrophon zu den zwanzig Journalisten zu sprechen, ihre Stimme ist nicht gerade kräftig. Also wurde eine Sprechanlage installiert, die sich bald als unzuverlässig erwies.

»So, das Mikrophon funktioniert mal wieder nicht«, eröffnet die Bundeskanzlerin. Sie sitzt zwischen Bernd Ulrich von der *Zeit* und Mainhardt Graf Nayhauß, Kolumnist der *Bild*-Zeitung und der *Bunten*. Sie redet eine gute halbe Stunde mit den Journalisten. Es geht um die beiden Themen, die ihre Kanzlerschaft zu einer Krisenkanzlerschaft machen: der Krieg in Georgien, der Zusammenbruch der Finanzmärkte.

Sobald die Bundeskanzlerin zu Reden begonnen hat, setzt bei Regierungssprecher Wilhelm ein beinahe stetes Kopfnicken ein. Es ist typisch für ihre Zusammenarbeit in der Öffentlichkeit. Sie redet, er nickt. Manchmal schaut sie herüber, holt sich ihr Nicken ab und redet zufrieden weiter. Hin und wieder taucht ein schmerzliches Lächeln im Gesicht des Regierungssprechers auf. Er lehnt an der Tür der Toilettenkabine, die in die Besprechungslounge hineinragt. Es sind einige Minister vorne an Bord, und die nutzen die Abwesenheit der Bundeskanzlerin, um die Toilette aufzusuchen. So rauscht hin und wieder die Spülung in die Rede der Bundeskanzlerin hinein. Wilhelm hört womöglich noch mehr.

Angela Merkel redet anfangs ungefähr eine Viertelstunde am Stück. Sie reibt sich bald mit den Fingern der rechten Hand die Innenfläche der linken Hand. Das sieht man bei ihr häufig. Sie ist meistens gut in solchen Situationen. Sie redet schnörkellos, präzise, sie ist drin in den Themen, die anstehen. Manchmal würzt sie ihre Rede mit einer dieser boshaft-witzigen Bemerkungen, die typisch für sie sind. Als es um die Erwartungen der Russen geht, dass die Finanzkrise die eigene Rolle in der Welt stärken könne, sagt sie: »Die russische Börse wird die Rolle der Wall Street nicht unmittelbar übernehmen können.« Heiterkeit ringsum. Bei witzigen Bemerkungen der Bundeskanzlerin wird schon aus Höflichkeit gelacht, aber diese war so schlecht wirklich nicht.

Nach der kleinen Ansprache können die Journalisten Fragen stellen. Es ist warm geworden in der Lounge, die Raumtemperatur nähert sich der Körpertemperatur. Es wird respektvoll gefragt, keine Frechheiten, keine Nickeligkeiten. Die Bundeskanzlerin ist auf schwieriger Auslandsmission, und man hat den Eindruck, dass sich die Journalisten als Teil dieser Mission sehen. Man ist staatstragend, hält zusammen.

Ein Ruck, der Airbus sackt ab, der Sinkflug hat begonnen, die Maschine taucht in die Wolken. Es wird so lange gefragt, bis die Besatzung unruhig wird. Die Journalisten kehren auf ihre engen Sitze im Heck zurück, Angela Merkel will beim Anflug noch mit Bahnchef Mehdorn reden.

Die Journalisten müssen nun überlegen, wie sie das Gehörte verwenden. Das Gespräch war als Hintergrund deklariert, es darf nicht zitiert werden. Aber es gibt da eine Grauzone, und Angela Merkel will natürlich schon, dass ihre Einschätzungen in der Öffentlichkeit auftauchen, am liebsten als Teil einer großen Erzählung von der klugen, strategisch denkenden, verantwortungsvoll handelnden Bundeskanzlerin. Die Redakteure der Nachrichtenagenturen beginnen noch im Flugzeug ihre Meldungen zu schreiben. Die Maschine landet, Merkel fährt zu Medwedew. Die deutsche Politikmaschine summt und schnurrt.

Dies ist ein Buch über Angela Merkel, über ihre ersten Jahre als Bundeskanzlerin. Es waren aufregende Jahre. Zunächst hieß es, Politik sei langweilig in den Zeiten einer Großen Koalition, es fehle die Rivalität von Regierung und starker Opposition. Aber es zeigte sich bald, dass dies nicht stimmt. Die Rivalität zwischen den Koalitionspartnern war so heftig, dass das Fehlen einer starken Opposition nicht auffiel. Und auch sonst ist eine Menge passiert:

Die SPD hat sich in dieser Zeit zerlegt und erneuert.

Die Partei »Die Linke« wurde gegründet und trieb die anderen Parteien vor sich her.

Ein Klimaschock dominierte kurz die Weltpolitik.

Eine Energiepreiskrise brach aus und ebbte ab.

China zeigte bei den Olympischen Spielen in Peking seine Weltmachtansprüche.

In Georgien gab es einen Krieg, der zu einer vertraut brisanten Konfrontation führte: Russland gegen die USA.

Das internationale Finanzsystem brach zusammen, und die Weltordnung musste gleichsam neu erfunden werden. Politiker wurden von Geächteten zu Hoffnungsträgern.

Als Folge der Finanzkrise rutschte Deutschland in eine Rezession.

Das ist viel für dreieinhalb Jahre, den Erzählzeitraum dieses Buches. Dazu gab es noch eine Bundeskanzlerin zu entdecken, zum ersten Mal eine Frau, zum ersten Mal eine Ostdeutsche. Wie hat sie Deutschland durch diese schwierige, aufregende Zeit geführt? Wie hat das Amt Angela Merkel verändert? Was ist von ihr in Zukunft zu erwarten?

Dies ist auch ein Buch über die Politikmaschine, wie sie summt, wie sie schnurrt. Indem ich über Angela Merkel erzähle, will ich auch versuchen zu erklären, wie Politik in diesen Zeiten funktioniert, warum sie so ist, wie sie ist. Zuerst geht es um die Inszenierung rund um Angela Merkel, danach um die Reformpolitikerin, schließlich um die Krisenkanzlerin. Ein Fazit und ein Ausblick runden dieses Buch ab. Eine Biographie ist es ausdrücklich nicht.

Das Problem am Schreiben über Politik ist heutzutage, dass man ohne Selbstreflexion kaum noch auskommt. Eine Geschichte über Politik ohne die Medien ist nur die halbe Geschichte. In der Mediendemokratie, die wir jetzt haben, spielen Zeitungen, Zeitschriften, Fernsehen, Radio und Online-Medien eine so große Rolle, dass sie nicht nur Beobachter sind, sondern in ihrer Summe auch Akteure, manchmal auch als einzelnes Medium oder als einzelner Journalist. Das wird in der täglichen Berichterstattung meist nicht berücksichtigt, kann auch nicht, weil eine ständige Selbstreflexion oder Eigenerzählung langweilig, eitel und fragwürdig wäre. Dieses Buch macht das anders, die Rolle der Medien wird immer wieder beleuchtet, weil man Politik sonst nicht erklären kann.

Wer über die Rolle der Medien nachdenkt, kann nicht nur zu guten Urteilen kommen. Es ist keine Frage, dass die Medien extrem wichtig sind. Ohne Öffentlichkeit gibt es keine Demokratie, und insgesamt gibt es in Deutschland eine lebendige und vielschichtige Öffentlichkeit. Aber manches läuft schief. Es wäre schäbig und falsch, mit dem Finger auf andere zu zeigen oder die Kritik im Diffusen zu lassen. Wenn im Folgenden eine zweifelhafte Rolle von Medien angesprochen wird, geht es auch um mich. Aber Fehlentwicklungen zu erkennen, heißt nicht, sofort alles anders machen zu können. Deshalb kann ich nur sagen: Ich arbeite daran.

Weil dies ein subjektives Buch ist, habe ich es an einigen Stellen in der Ich-Form geschrieben. Das Buch basiert auf meiner Arbeit als Reporter und Büroleiter beim *Spiegel* in Berlin. Die Berichterstattung über die Bundeskanzlerin gehört dort zu meinen Aufgaben. Ich habe hin und wieder Passagen aus meinen Artikeln übernommen, wenn sie in das Gesamtkonzept passten und ich das Gefühl hatte, es nicht besser sagen zu können. Das Allermeiste jedoch ist neu geschrieben.

Ich möchte hier keine besondere Nähe zur Bundeskanzlerin suggerieren. Als Büroleiter sehe ich sie hin und wieder bei Hintergrundgesprächen, selten zu einem Einzelgespräch. Es gibt keine Kumpelei, kein Duzen, keine Freundschaft. Es gibt nichts Persönliches in unserer Beziehung, sie ist die Bundeskanzlerin, ich bin der Büroleiter vom *Spiegel*, und das bringt uns hin und wieder zusammen. Distanz ist ein Konzept, das zu uns beiden passt. Und Distanz ist unbedingt notwendig für einen unabhängigen Journalismus. Ich beobachte sie häufig auf Terminen, rede mit Leuten, die sie gut kennen, lese und mache mir meine Gedanken. Oft werde ich gefragt, ob ich Angela Merkel mag. Aber das ist keine Kategorie für meine Arbeit. Ich antworte dann: Ich schätze sie für ihre Klugheit und ihren Witz. Ob sie ihre Stärken in eine gute Kanzlerschaft umgesetzt hat, ist eine andere Frage. Dieses Buch soll sie beantworten.

Ich möchte mich noch bei einigen Leuten bedanken. Schreiben ist in der Regel eine einsame Sache, aber gerade deshalb braucht der Schreiber Menschen, die ihn stützen und beraten. Das sind ganz besonders meine Frau Bettina und meine Kinder Jonas und Marja. Ohne sie wäre nicht eine Zeile von mir so, wie sie ist.

Ich bedanke mich bei meinen Freunden für Liebe, Verständnis und politische Diskussionen, ohne die dieses Buch nicht denkbar wäre, vor allem bei Jochen Buchsteiner, Lothar Gorris und Oliver Schumacher.

Ich bedanke mich bei Iris Böhm, Matthias Hartmann und Thomas Schühly. Ich will nicht behaupten, dass Politik so ist wie Film und Theater, aber es ist immer wieder spannend, mit Film- und Theaterleuten über Politik zu reden. Und gute Freunde sind sie auch.

Ich bedanke mich bei Sascha Lehnartz, Nils Minkmar und Bernd Ulrich dafür, dass sie mir ihre Klugheit und ihre politischen Einsichten immer wieder zur Verfügung stellen. Unsere Gespräche sind mir sehr viel wert.

Ich bedanke mich bei Cordt Schnibben, der mir im *Spiegel* eine Heimat gegeben hat.

Ich bedanke mich beim *Spiegel*-Büro in Berlin für seine großartige Arbeit und die politischen Diskussionen, die wir miteinander haben. Das gilt insbesondere für meine Stellvertreter Stefan Berg, Markus Feldenkirchen, Michael Sauga und Holger Stark.

Ich bedanke mich bei meinen Chefredakteuren Mathias Müller von Blumencron und Georg Mascolo für die sehr gute und angenehme Zusammenarbeit.

Ich bedanke mich bei Stefanie Golla für Korrekturen, Dokumentation und Kommentare, die mich darauf hinweisen, dass man die Welt auch ganz anders sehen kann.

Mein besonderer Dank gilt Regierungssprecher Ulrich Wilhelm. Es gibt naturgemäß eine Unvereinbarkeit zwischen unseren Jobs. Sein Interesse ist immer anders als meines. Unser Gesprächsfaden ist nie abgerissen, auch wenn wir uns übereinander geärgert haben, was so selten nicht war. Ich schätze seine Erzählungen aus der Welt der Bundeskanzlerin und seine Analysen der aktuellen Politik. Dass er kein objektives Urteil über Angela Merkel äußern kann, leuchtet mir ein. Ich schätze unseren Kontakt umso mehr, als seine Kanzlerin ihm gesagt hat, Gespräche mit mir seien »vergebliche Liebesmüh.« Das muss so sein, weil ich mich mittels Gesprächen informieren, aber nicht beeinflussen lassen darf, auch wenn die Gespräche so gut und so angenehm sind wie die mit Ulrich Wilhelm.

DIE INSZENIERUNG

Angela Merkel und das Konzept Politik total

Wir sind allein, allein mit Spitzenpolitikern wie Angela Merkel. Die Träume von anderen Politikern, von einer anderen Politik haben sich in ihrer ersten Regierungszeit erledigt. Es herrscht unangefochten das Prinzip Politik total, und das verkörpert niemand so wie die Bundeskanzlerin. Alle anderen Prinzipien sind in den letzten Jahren ausgeschieden, erschöpft, disqualifiziert. Drei Träume von einem besseren Politiker hat es gegeben:

Der Experte.

Der Manager.

Der Antipolitikpolitiker.

Angela Merkel gehört zu keinem dieser Träume, sie ist das, was die Politikverdrossenen genau nicht wollen, eine klassische Politikerin, die in einer reinen Politikwelt lebt, aber sie ist übrig, ihr Prinzip hat sich durchgesetzt. Sie hat sogar klassische Politik weiter zugespitzt, weiter ausgefeilt, entschlackt und reduziert, bis nur noch eines übrig ist: totale Politik.

Den Traum vom Experten, der eine bessere Politik machen kann, hat sie selbst erledigt, jedenfalls war sie daran beteiligt, paradoxerweise indem sie diesem Traum eine Chance geben wollte. Es war der 17. August 2005, als in Berlin eine neue Zeit anzubrechen schien. Angela

Merkel stellte im Konrad-Adenauer-Haus ihr Kompetenzteam für den Wahlkampf vor. Dabei waren vertraute Gesichter wie Wolfgang Schäuble, Peter Müller, der Ministerpräsident des Saarlandes, Ursula von der Leyen, Familienministerin in Niedersachsen, oder Gerda Hasselfeldt, ehemals Bundesgesundheitsministerin. Aber da stand auch ein in Berlin unbekannter Mann, schlank, groß, der größte von allen dort, trotz seiner gebeugten Schultern, ein Mann, der bislang nicht als Politiker aufgetreten war. Das war Paul Kirchhof, Steuerexperte und ehemals Bundesverfassungsrichter. Als er sprach, klang ein neuer Sound durch das Regierungsviertel, ein Sound der Klarheit, des Durchdachten. Kirchhof sollte Merkels Finanzexperte sein, mit Aussichten auf das Amt des Bundesfinanzministers. Kirchhof stand für die Idee eines einheitlichen Steuersatzes von 25 Prozent für alle Bürger und Unternehmen. Er konnte das mit klugen, schönen Worten begründen. Am Ende der Veranstaltung wurde er von einer aufgekratzten Ursula von der Leyen vor die Kameras gezogen, und da wirkte er irritiert und unbeholfen, und in seinem Gesicht stand die Frage, warum das denn sein müsse.

Es war die Generalfrage an den Politikbetrieb: Warum seid ihr so, wie ihr seid? So kameragierig, so oberflächlich, so wenig kundig in den Sachfragen, so ewig unentschieden und wankelmütig. Kirchhof schien das Gegenteil zu sein, ein Experte, endlich. Seit langem gab es diesen Traum von einer Regierung der Technokraten, die sich nicht scheren um Machtspielchen, sondern aufrecht und kundig Sachfragen lösen. Merkel verwandelte diesen Traum in Fleisch und Blut: Dass sie Kirchhof in ihr Kompetenzteam aufnahm, wirkte zunächst wie ein Scoop. Sie bekam viel Lob dafür, noch mehr Lob bekam Kirchhof. Ein Erlöser.

Das Gegenteil von Paul Kirchhof ist Gerhard Schröder, im August 2005 noch Bundeskanzler. Schröder war Politiker durch und durch, ein Machtspieler, kameragierig, oberflächlich, wenig kundig in Sachfragen, wankelmütig, aber immerhin nicht ewig unentschieden. Er entschied sich für die Agenda 2010, weshalb er nach allen Umfragen im August 2005 mit seiner Abwahl rechnen musste. Um das zu verhindern, brauchte Schröder einen Gegner, auf den er sich stürzen konnte. Im Zweikampf kann er seine Stärken am besten mobilisieren. Und diesen Gegner hatte ihm Angela Merkel vor die Fäuste gestellt: Paul Kirchhof. Es begann eine ziemlich widerwärtige Diffamierungskampagne. Schröder machte aus dem Menschen Kirchhof den »Professor aus Heidelberg«, malte ihn als kalten, abgehobenen Mann, der antrete, um den Reichen zu geben, auf Kosten der Armen natürlich. Kirchhof war dieser Kampagne nicht gewachsen. Er stellte Argument gegen Beschimpfung und drang nicht durch. Er kannte dieses Spiel nicht, verhielt sich ungeschickt und wurde bald von Angela Merkel fallengelassen. Sie machte Kirchhof nicht zum Finanzminister, sie hielt ihn sich vom Leib, als fürchte sie, seine Nähe könne sie vergiften.

In einem Gespräch wenige Wochen nach dem Wahlkampf 2005 wirkte Kirchhof noch immer leicht verstört von diesen Erfahrungen. Er hatte sich als Nichtpolitiker auf das Schlachtfeld der Politik begeben und kehrte als Invalide zurück: versehrt von den Beleidigungen, Fälschungen, Diffamierungen. Er hatte die Erfahrung gemacht, dass Politik, gerade Bundespolitik, etwas ganz anderes ist als das Leben sonst. Es ist eine eigene Welt, ein eigener Planet mit so speziellen Lebensbedingungen, dass hier nur *ein* Experte erfolgreich sein kann: der Experte für Politik. Deshalb ist Kirchhof zu Recht nicht Finanzminister geworden. Er hätte vielleicht gute Steuerkonzepte entworfen und hervorragende Reden gehalten, aber er hätte nichts von seinen Ideen durchsetzen können, weil er das Machtspiel nicht beherrscht. Er ist kein bisschen wie Merkel, deshalb ist er in der Politik gescheitert.

Die zweite Alternative zum klassischen Politiker, der Manager, hat sich in Merkels erster Legislaturperiode als Kanzlerin selbst erledigt, ganz ohne Zutun der Politik. Dieser Traum ist in den achtziger und neunziger Jahren groß geworden, als sich der Manager zum Leitbild der Gesellschaft entwickelt hat. Die ökonomische Idee, die Idee von der totalen Effizienz, wanderte damals von den Unternehmen in die Gesellschaft insgesamt. Sie ging einher mit einer neuen Staatsverachtung, der Staat galt als fett, behäbig, inkompetent. Der Beamte wurde zur Hassfigur, der Politiker zum Verdrussobjekt. Es wurde ein schlanker Staat gefordert nach dem Vorbild der angeblich schlanken, effizienten Unternehmen. Und da schon die ökonomische Idee Leitidee war, lag der Gedanke nahe, dass die

Helden der Ökonomie, die Manager, auch den Staat führen sollten.

Am nächsten kam man dieser Vorstellung in den Jahren 2002 bis 2005, als Deutschland in einer wirtschaftlichen Krise steckte und die Zahl der Arbeitslosen auf 5,2 Millionen stieg. Damals stand in Frage, ob die Regierung Schröder imstande sein würde, das Land aus dieser Krise zu führen. Es bildete sich eine Art Nebenregierung, die aus den Talkshows und den Printzeilen in die politische Debatte hineinbrüllte. Kanzler dieser Nebenregierung war der ehemalige Präsident des Bundesverbands der Deutschen Industrie, Hans-Olaf Henkel. Sein Kabinett – Lobbyisten, Manager, Journalisten und ausgemusterte Politiker wie Friedrich Merz – forderte alles, was die Unternehmen entlasten könnte, also niedrigere Steuern, weniger Sozialabgaben und weniger Regulierungen. Politik und Staat sollten in eine Nebenrolle gedrängt werden, sie störten nur. Im Zuge der Globalisierung hatten sich ohnehin Konzern- und Finanzstrukturen entwickelt, die sich einer nationalen Kontrolle weitgehend entzogen. Warum dann nicht gleich den Managern ganz das Feld überlassen?

Der Traum von dieser Alternative hat sich im Herbst 2008 erledigt, als der Weltfinanzmarkt zusammenbrach. Es zeigte sich, dass Bankmanager ihr Spiel ohne jedes Ethos getrieben hatten, geleitet nur von Gier. Da wurde auch dem Letzten klar, dass man Leuten, denen man nicht einmal eine Bank überlassen kann, auf keinen Fall den Staat überlassen darf. Weltweit wurden Geldhäuser unter

Staatsaufsicht gestellt, die Politiker übernahmen wieder die Macht über das Weltgeschehen, jedenfalls eroberten sie ein größeres Stück zurück. In der Krise wurden sie zur letzten Hoffnung der Bürger.

Damit war geklärt, dass es außerhalb der Politik keine Alternative zu den Politikern gibt. Die dritte Möglichkeit, der Typus des Antipolitikpolitikers, war schon wenige Wochen zuvor gescheitert. Diesen Ansatz gab es immer wieder: Ein Politiker erklärt sich zum Gegenmodell des Establishments, betont seine Menschlichkeit und die Nähe zum Menschen und schürt so Hoffnungen, es könne eine andere, bessere Politik geben. Angela Merkel selbst ist schon so aufgetreten, im Wahlkampf 2005, als sie in ihren Reden behauptete, sie werde Schluss machen mit dem scheinbar ewigen Prinzip der Politik »versprochen – gebrochen«. Sie ließ sich bei ihren Auftritten im Wahlkampf als »die ehrlichste Politikerin Deutschlands« feiern. Als Bundeskanzlerin hat sie davon nicht mehr geredet.

Aber sie bekam es bald mit jemandem zu tun, der die Masche des Antipolitikpolitikers verfolgt hat. Das war Kurt Beck, seit Mai 2006 Vorsitzender der SPD und damit ihr größter Konkurrent. Beck, Ministerpräsident von Rheinland-Pfalz, zeigte sich zunächst als klassischer Machtpolitiker, der es geschickt verstand, seinen parteiinternen Konkurrenten, Vizekanzler Franz Müntefering, an den Rand zu drängen. Aber dann machte Beck einige Fehler, der schlimmste war, dass er zur Unzeit ausplauderte, er habe Andrea Ypsilanti grünes Licht für eine Kooperation mit der Linkspartei in Hessen gegeben. Im Wahlkampf hatte sie das Gegenteil versprochen.

Beck geriet ins Sperrfeuer der Kritik, parteiintern und auch in den Medien. Seine Fehler und Niederlagen häuften sich. Die Kritik daran deutete er als Auswüchse des unmenschlichen Systems der Bundespolitik. Berlin wurde von ihm zum Feindesland erklärt und als Wildnis beschrieben, in der die Regeln des Wolfsrudels herrschten. Beck wurde zum obersten Politikverdrossenen des Landes, zum Hauptkritiker der Bundespolitik. Er selbst stilisierte sich als Politiker, der nah bei den Menschen ist, der die Sorgen der Leute kennt und versteht. Womöglich stimmt das. Als Ministerpräsident ist er viel unterwegs im Land, er liebt das Deftige und Volkstümliche, und seine Wahlergebnisse zeigen, dass er damit ankommt in Rheinland-Pfalz. Er herrscht dort konkurrenzlos über die eigene Partei, die CDU hat keine Alternative zu ihm hervorgebracht, und die Landespresse schaut wohlwollend auf den Ministerpräsidenten. So lebt er in einem kleinen Idyll der Politik, und er dachte, dass er die Regeln von dort auf Berlin übertragen könne.

Schon vor ihm hatte ein Ministerpräsident erleben müssen, dass Bundespolitik kein Idyll ist. Das war Matthias Platzeck, Ministerpräsident von Brandenburg und Becks Vorgänger als Parteivorsitzender der SPD. Platzeck litt so sehr an den Beanspruchungen der Bundespolitik, dass er krank wurde. Nach einem Hörsturz trat er als Parteivorsitzender zurück. Und noch ein Ministerpräsident ist in Merkels erster Regierungszeit vor den Berliner Ansprüchen in die Knie gegangen. Das ist Christian Wulff, der in Niedersachsen regiert. Er hat offen eingeräumt, dass er sich das Amt des Bundeskanzlers nicht zutraut. Das war ehrlich, denn wer Wulff kennt, traut ihm das auch nicht zu.

An diesen drei Fällen wurde noch einmal deutlich, wie speziell und wie anspruchsvoll die Bundespolitik ist. Niemand kann sie mit inneren Widerständen betreiben, das macht einen krank oder unfähig, die Herausforderungen zu meistern. Beck wollte sich nicht ändern, weil er dachte, Berlin würde sich ändern, wenn er dort Politik macht. So hat er es versäumt, sich eine Machtzentrale in der Bundeshauptstadt aufzubauen, hat es versäumt, eine Sprache für den Umgang mit den Hauptstadtjournalisten zu finden. Er blieb nah bei den Leuten, aber er hat nicht daran gedacht, dass Bundespolitik nicht mit den Eigenschaften normaler Leute gemacht werden kann. Es geht um eine hochkomplexe Aufgabe, die unter ständiger Beobachtung durch Medien zu erledigen ist. Es geht darum, gegen Leute wie Obama, Putin oder Wen Jiabao zu bestehen. Man mag das bedauern, aber Volksnähe und Menschlichkeit sind nicht die ersten Eigenschaften, die dafür wichtig sind. Es ist ein spezialisiertes Vollprofitum nötig, eben die Bereitschaft zu Politik total. Beck trat zurück, als er den Eindruck hatte, es sei in der SPD eine größere Intrige gegen ihn gelaufen.

Deshalb sind wir jetzt allein mit dem Typus Angela Merkel. Die Experten, Manager und Antipolitikpolitiker sind ausgeschieden. Das heißt nicht, dass Merkel die nächste Wahl auf jeden Fall gewinnen wird. Es gibt noch andere Vollprofis, zum Beispiel Oskar Lafontaine, Franz Müntefering, Horst Seehofer oder Guido Westerwelle. Frank-Walter Steinmeier, Außenminister und Kanzlerkandidat der SPD, könnte sich dahin entwickeln. Sie alle haben das politische System akzeptiert, wie es ist. Sie vergeuden keine Zeit damit, es in Frage zu stellen oder zu bekämpfen. Sie entwickeln und verfeinern permanent Strategien, wie sie in diesem System maximalen Erfolg haben können. Aber niemand macht das so konsequent wie Angela Merkel. Das macht sie zur Ausnahme in der Ausnahmegruppe Vollprofipolitiker.

Das Spiel, das gespielt wird, ist vor allem ein Medienspiel. Politik ist, wie sie ist, weil die Medien sind, wie sie sind. Und die Medien sind allgegenwärtig, sie sind hysterisch und gnadenlos. Sie sind auch großartig. Das wichtigste Prinzip der Demokratie ist Öffentlichkeit. Erst als die Politik aus der Kammer gekommen ist, als sie sich vom Geheimratswesen verabschiedet hat, wurde sie wieder zur Demokratie. Nur die Öffentlichkeit ermöglicht die Kontrolle und die Beteiligung. Da sich die Wahlberechtigten nicht mehr auf einem Platz versammeln können wie in Athen, müssen die Medien die Öffentlichkeit herstellen. Man kann leider nicht sagen, dass sie das durchweg verantwortungsvoll tun. Man kann auch nicht sagen, dass die Politiker durchweg verantwortungsvoll mit den Möglichkeiten der Medien umgehen.

Ein Teil des Problems ist der technische Fortschritt.

Das Internet verdichtet und beschleunigt den Alltag der Politiker in einem Maße, das kaum noch beherrschbar ist. Eine typische Geste für Angela Merkel ist der Griff in die Tasche ihrer Jacke oder der Griff in die Handtasche, je nachdem, wo ihr Handy gerade ist. Sie macht das ziemlich häufig, manchmal alle vier, fünf Minuten. Selbst auf der Regierungsbank im Bundestag hält sie es nicht lange aus, ohne nachzuschauen, ob neue Nachrichten eingetroffen sind. Merkel tut das mit einer gewissen Verstohlenheit, kleine, unauffällige Handgriffe unter dem Tisch, zwischendurch ein harmloser Blick in die Runde. In Schulstunden werden so Spickzettel oder Liebesbriefe gelesen. Es ist nicht gerade höflich, und der jeweilige Redner kann durchaus das Gefühl haben, dass es für die Bundeskanzlerin gerade etwas Interessanteres auf der Welt gibt als seine Worte. Vielleicht schaut sie auch nach in der Hoffnung, es möge doch bitte etwas Interessanteres geben.

Das Bundespresseamt versorgt die Bundeskanzlerin auf diesem Weg mit allen Informationen, die wichtig sein könnten. Zudem unterhält sie eine rege SMS-Kommunikation mit ihren Ministern und Parteifreunden. Wenn Merkel mal eine Dreiviertelstunde nicht auf ihr Handy blickt, findet sie danach mitunter 20 bis 30 Meldungen vor. Sie braucht fünf Minuten, um das alles zu lesen. Sie liest fast immer mit dem Ausdruck totaler Gleichmütigkeit. Niemand kann sehen, ob sie sich freut oder ärgert. Sie schaut gerne nach diesen Nachrichten, eine gewisse Sucht kann man ihr unterstellen. Die Bundeskanzlerin ist

Nachrichtenjunkie. Sie hat einmal erzählt, dass sie an den Abenden, wenn sich das Geschehen in Deutschland beruhigt, manchmal geradezu enttäuscht ist, dass *Spiegel online* seinen Aufmacher über Stunden nicht erneuert. Es ist für sie, als wäre die Welt stehengeblieben. Und eine Welt, die sich nicht bewegt, braucht keine Bundeskanzlerin.

Es ist also nicht so, dass Angela Merkel unter dieser Beschleunigung und Verdichtung durch die neuen elektronischen Medien leidet. Aber Politik kann darunter leiden. Der Tag einer Bundeskanzlerin wird durch diese endlose Nachrichtenflut zerhackt. Da jede Nachricht eine neue Lage bedeutet, muss sie sich nach jeder Nachricht neu auf die aktuelle Lage einstellen.

Eine Tageszeitung hat zwei Begrenzungen. Die eine ist Zeit, also der Redaktionsschluss. Die andere ist Platz, die Anzahl der Seiten minus Anzeigen. Das sorgt für eine gewisse Sortierung und Strukturierung. Die Redakteure müssen auswählen, müssen entscheiden, was die wichtigsten Nachrichten des Tages bis 23 Uhr waren. So liegt dem Leser am nächsten Morgen ein professionell aufbereitetes Bild des vergangenen Tages vor. Für den Politiker war das mal einst die Grundlage für die Gedanken und Handlungen des neuen Tages. Durch die Online-Medien und die Nachrichtenkanäle im Fernsehen gibt es diese Struktur nicht mehr. Politik ist zu einem Echtzeitphänomen geworden. Jede politische Nachricht landet sofort bei der Bundeskanzlerin und wird von ihr verarbeitet. Wegen des hohen Zeitdrucks, jeder will Erster sein, ist ein nicht unerheblicher Teil dieser Nachrichten bei genauerer Betrachtung nichtig, falsch oder falsch interpretiert. Die Grundlage, auf der Merkel denkt und handelt, ist wackelig.

Natürlich wird auch bei den elektronischen Medien sortiert, aber es gibt einen Überfluss an Platz bei den Online-Medien und einen Überfluss an Zeit bei den Nachrichtenkanälen. Das ist die neue Chance der Nichtigkeit. Jede blöde Einlassung eines Hinterbänklers findet nun sofort ihre Öffentlichkeit, was für eine genauso blöde Erwiderung in Minutenschnelle sorgt. Eine nichtige Debatte beginnt. So kann man viele Stunden mit politischem Müll füllen. Angela Merkel hat ein Auge auf all dies, sie ist nicht der Typ, der sich irgendetwas entgehen lässt. Dass sie ihren Kopf nicht zeitweise wegen Überfüllung mit Informationen schließen muss, liegt an den großen Denkkapazitäten, die sie hat, eine der Grundlagen für ihre Beherrschung von Politik total.

Für viele Medien gilt, dass der Blick auf die Politik hysterisch ist. Das heißt vor allem, dass viele Journalisten einen Erfolg darin sehen, einen Streit zwischen Politikern entdeckt zu haben. Bei dieser Jagd gibt es eine Hierarchie des Streits. Der Streit zwischen Koalition und Opposition, also die Grundlage der Demokratie, zählt medial nicht viel, weil er erwartbar ist, also nicht überrascht und keine Brisanz hat. Der Streit innerhalb einer Koalition ist da schon mehr wert. Die Partner haben sich auf eine gemeinsame Regierung geeinigt, und dann schaffen sie es nicht, ihre Absichten friedlich umzusetzen. Merkels Große Koalition aus Union und SPD war eine Fundgrube für die

Streitsucher. Das heißt, sie mussten nicht groß suchen, sondern wurden von allen Seiten freudig mit Gehässigkeiten gegen den Partner versorgt. Hässlicher Höhepunkt dieses Gebarens war Peter Strucks Satz über die Union: »Die kann mich mal.«

Liebstes Jagdobjekt und in der Hierarchie ganz oben ist der Streit unter Parteifreunden, am besten einer Regierungspartei. Von einer Partei wird erwartet, dass sie eine Verschworenheit ist, dass es einen Grundkonsens unter den Mitgliedern gibt, eine gewisse Zuneigung sogar. Streit zwischen Parteifreunden ist also die in der Politik größtmögliche Abweichung von der Erwartung. Ein anderes Wort für die größtmögliche Abweichung von der Erwartung ist Sensation, und die Sensation ist die wertvollste Währung der Medien. Ein großer Streit innerhalb einer Partei hat etwas Sensationelles und wird daher von den Medien groß aufgearbeitet.

Der zuverlässigste Lieferant für solche Schlagzeilen ist die SPD. Die SPD ist die Partei der großen Dramen, das vorletzte Drama hieß Agenda 2010, das vorerst letzte Drama hieß Hessen. Natürlich muss darüber ausführlich berichtet werden, die Klärung von Sach- und Machtfragen ist das Wesen von Politik. Es kann dabei nicht nur harmonisch zugehen, Streit ist auch ein Zeichen von Lebendigkeit, vom Selbstbewusstsein der Akteure, die eben nicht folgsam sind, und Folgsamkeit ist nicht das, was eine Demokratie vor allem braucht. Die Ruhe in der CDU erinnert manchmal auch an die Ruhe einer Monarchie. Es gilt, was der König sagt und will.

Insofern ist gegen Streit und die Berichterstattung über Streit an sich nichts zu sagen. Allerdings spielen manche Medien dabei gerne ihr eigenes Spiel. Sie suchen nach Sätzen, aus denen sich ein Streit basteln lässt, sie spitzen zu und im schlimmsten Fall verfälschen sie auch. Deshalb wirkt der politische Streit in den Medien meistens größer, schlimmer als er in Wahrheit ist. Und Politik wirkt hässlicher, als es sein müsste.

Nichts prägt die Politik unserer Tage so wie diese Hysterisierung. Es gibt praktisch keine Worte oder Taten, die zum Nennwert genommen werden. Es ist so, als würde man in einer Welt leben, in der jedes Wort durch einen Verzerrer geht. Es löst sich vom Sprecher und nimmt einen neuen Klang an. Die Kontrolle über die eigenen Worte geht verloren, sie entwickeln ein Eigenleben. Damit kann man spielen. Wer die Regeln der Medien kennt, kann sich die Hysterisierung zunutze machen, kann so Politik steuern. Deshalb sind die Spitzenpolitiker den Medien nicht hilflos ausgeliefert, aber sie müssen schon Vollprofis sein, um dieses schwierige Spiel durchschauen und beherrschen zu können.

Noch ein Punkt ist wichtig, um verstehen zu können, unter welchen Bedingungen die Bundeskanzlerin denkt und handelt. Dabei geht es um das Wort Aufmerksamkeit, das eine schreckliche und eine herrliche Dimension hat für die Politiker.

Politik heute, das ist die totale Beobachtung, das ist ein Leben, das nur mit dem Leben von Popstars oder Fußballprofis zu vergleichen ist. Heerscharen von Journalisten schauen zu, machen sich ihre Gedanken, nehmen jeden Satz auf und verarbeiten das alles in Geschichten. Wenig bleibt im Verborgenen, es gibt praktisch keine verschlossenen Türen. Aus den Gremiensitzungen werden die wichtigsten Worte und Entscheidungen per SMS gewissermaßen in Echtzeit an Journalisten weitergeleitet. Alles andere wird hinterher berichtet. Bei jedem öffentlichen Termin stehen Kameras und Reporter, denen kein Satz entgeht, kein Minenspiel, keine Geste. Alles wird auf Verwertbarkeit abgeklopft. Das ist Öffentlichkeit total, also eigentlich die Vollendung eines wichtigen demokratischen Prinzips. Kammerpolitik ist nur noch möglich, wenn zwei Politiker, die sich vertrauen, beisammensitzen. Schon die Anwesenheit eines Dritten macht es wahrscheinlich, dass geplaudert wird. Das ist grundsätzlich gut so, weil sich so ein klares Bild von der Politik zeichnen lässt. Verborgenheit ist einer Demokratie nicht förderlich. Es gibt aber auch einen Nachteil dieser Aufmerksamkeit. Da jede Absicht, jeder Plan sofort an die Öffentlichkeit dringt und meist hysterische Reaktionen weckt, gibt es keine Ruhe für Strategie und Entwicklung. Jeder Plan wird sofort kritisiert und damit oft genug kleingeraspelt oder vernichtet, bevor er zu Ende gedacht werden konnte.

Für die Politiker bedeutet totale Öffentlichkeit, dass sie ständig auf der Hut vor sich selbst sein müssen. So bekommen sie Angst vor den eigenen Worten, vor dem eigenen Sein. Da praktisch jeder Satz an die Öffentlichkeit dringt, muss jeder Satz für die Öffentlichkeit gestaltet werden. Die denkbaren Folgen sind schon enthalten, Vorsicht ist das oberste Prinzip, die Authentizität geht verloren, das Ich des Politikers verschwindet. Er ist höchstens noch das, was er für die Öffentlichkeit sein will, sein kann. Das ist die schreckliche Seite der Aufmerksamkeit. Wir haben es nicht mit Originalen zu tun, sondern mit Abzügen, die für die Öffentlichkeit aufgehübscht wurden.

Die herrliche Seite ist die Bedeutung. Bedeutung ist die große Belohnung des Politikers. Er bekommt für das, was er leistet, vergleichsweise wenig Geld. Wegen des Geldes geht niemand in die Politik, anderswo ist mehr drin. Dafür ist die Zahl der Kameras fast nirgendwo so groß wie im Berliner Regierungsviertel. Es gibt Leute, die eine solche Aufmerksamkeit genießen. Und sie wissen, dass ihre Sätze Schlagzeilen machen können, dass ihre Sätze, im äußersten Fall, die Welt verändern können. Ein Satz wie Peter Strucks »Die kann mich mal« wird tagelang in den Medien rauf- und runterdiskutiert. Dieser Satz wird bis heute zitiert, und daran kann sich einer wie Struck durchaus freuen. Er hat schon das Struck'sche Gesetz formuliert, den schönen, wahren Satz, dass keine Gesetzesinitiative aus dem Bundestag rauskommt, wie sie reingegangen ist. Dieser Satz wird Struck überleben, er ist ein Stück Unsterblichkeit für ihn.

Woran man sieht: Es gibt die größtmögliche Belohnung für Politiker, soweit einem an Unsterblichkeit, an öffentlicher Bedeutung etwas liegt. Es geht also um viel, um sehr viel, und das erklärt einen Teil der Erbitterung, mit der politische Kämpfe ausgetragen werden. Es gibt nicht viele Plätze, die von der großen Sonne angestrahlt werden, nicht viele Plätze, die einem Unsterblichkeit versprechen. Jeder, der hier mitkämpft, hat sehr viel zu gewinnen und sehr viel zu verlieren. Das prägt die Teilnehmer, und die Hauptprägung ist das Misstrauen. Da nichts unter der Decke bleibt, aber jeder Halbsatz eine ungeheure Bedeutung bekommen kann, handeln alle mit großem Misstrauen gegen andere. Freundschaften unter Spitzenpolitikern gibt es so gut wie nicht. Man verlässt sich auf sich selbst. Wer große Schwächen zeigt wie Kurt Beck, wird schnell erledigt, denn seine Schwäche gefährdet die Position seiner Parteifreunde. Wenn er als Vorsitzender ein schlechtes Wahlergebnis einfährt, kostet das Ministerämter und Sitze im Bundestag, Plätze an der Sonne also.

Ein Beispiel für das Gnadenlose der Politik lieferte in Merkels erster Regierungszeit vor allem die CSU. Dort haben erst Erwin Huber und Günther Beckstein ihren Parteivorsitzenden und Ministerpräsidenten Edmund Stoiber erledigt. Huber wurde Parteivorsitzender, Beckstein Ministerpräsident. Dann, nach einer katastrophalen Landtagswahl, hat Stoiber daran mitgewirkt, Huber und Beckstein zu erledigen. Was man da teilweise hört als Journalist in Hintergrundgesprächen ist abstoßend. Es ist manchmal so widerlich, dass man es nicht schreibt, weil man es kaum glauben oder dem Leser nicht zumuten kann. Insofern gibt es im Journalismus eine doppelte Verfälschung. Der Streit wird manchmal übertrieben heftig dargestellt und manchmal unzureichend deutlich.

Das ist Merkels Welt, die Welt der Politik. Es ist keine schöne Welt, sie hat nichts Heimeliges, nichts Angenehmes, sie ist nervös, unbarmherzig, in gewisser Weise unmenschlich. Aber es ist die Welt, die da ist. Man kann sie nicht in kurzer Zeit verändern, ein Einzelner jedenfalls nicht, man muss sich den Gesetzmäßigkeiten unterwerfen, um erfolgreich sein zu können. Beck wollte das nicht. Er sprach immer davon, dass er sich nicht verbiegen lassen würde. Das klingt sympathisch, aber es führt nicht zum Erfolg. Statt »verbiegen« könnte man auch »lernen« sagen. Beck wollte nicht lernen, wie Politik total funktioniert. Deshalb konnte er nur scheitern.

Es ist eigentlich erstaunlich, dass sich Angela Merkel in dieser Welt behaupten konnte, dass ausgerechnet sie die höchste Belohnung eingeheimst hat, das Amt des Bundeskanzlers. Auf den ersten Blick sind ihre Voraussetzungen nicht gut im Vergleich mit den Konkurrenten. Denn die haben ihr politisches Leben meist schon mit 15 oder 16 Jahren begonnen. In diesem Alter sind sie den Jusos oder der Jungen Union beigetreten, von da an hat sich ihr Leben in Wahlkämpfen getaktet. Sie haben für die älteren Politiker aus ihrer Region Plakate geklebt, sich auf Marktplätzen die Beine in den Bauch gestanden, sie haben sich selbst Abstimmungen über Ämter in ihrer Organisation gestellt. Das nervöse, unbarmherzige Leben hat für sie früh begonnen, der Rausch der Siege, die Depression der Niederlagen, die Belohnungen und Bestrafungen durch Öffentlichkeit, erst lokal, dann regional. Sie haben Jura studiert, weil das nützlich sein kann für den Beruf des Politikers, sie haben sich vom Leben der anderen entfernt, leben das politische Leben der Versammlungen, Gremiensitzungen, Hintergrundgespräche mit Journalisten. So wurden sie zu Politikmenschen, wurden Beobachtete, Bedeutende. Ihre Erfahrungen und Erlebnisse haben mit den Erfahrungen und Erlebnissen anderer Menschen kaum noch etwas zu tun. Roland Koch, Ministerpräsident von Hessen, hat ein solches Leben geführt, auch andere aus dem Andenpakt, einem losen Bündnis von Unionspolitikern, die sich gegenseitig bei der Jagd nach Macht helfen wollten. Neben Koch waren dies vor allem Christian Wulff, Franz Josef Jung, Peter Müller und Günther Oettinger. Es war klar, dass einer von ihnen einst Bundeskanzler werden sollte.

Dann fiel die Mauer, und eine junge Frau mit kurzen Haaren wurde Bundesbürgerin und Mitglied der CDU. Sie war, scheinbar, kein bisschen auf ein Leben als Politikerin vorbereitet. Sie war im brandenburgischen Templin aufgewachsen, Tochter eines Pfarrers, der von Hamburg in die DDR übergesiedelt war, im Auftrag der evangelischen Kirche. Sie hatte in Leipzig Physik studiert, machte ihren Doktortitel und arbeitete an der Akademie der Wissenschaften in Berlin-Adlershof. Als die Mauer fiel, war sie 34 Jahre alt, und hätte man sie damals mit Roland Koch verglichen, wäre sie einem wahrscheinlich naiv vorgekommen. Bundeskanzlerin? Die? Eine witzige Vorstellung.

Jetzt ist sie Bundeskanzlerin, und wie konnte das passieren? Kann es etwa sein, dass ein Leben in der DDR, in einer Diktatur, sie ganz gut auf das Leben in der Politik einer modernen Mediendemokratie vorbereitet hat?

Angela Merkel lebte nicht im offenen Widerstand zum sozialistischen Regime, aber sie war, geprägt von ihrem Elternhaus, skeptisch, sie war innerlich eine Gegnerin dieses Regimes. Wie musste man sich vorkommen mit dieser Haltung in der DDR? Beobachtet. Man musste sich ausmalen, dass da überall Augen und Ohren sind, dass man sich bedeckt halten muss, misstrauisch sein muss, um nicht in seiner wahren Haltung erkannt zu werden. Die Folgen wären schlimm gewesen, bis zum Gefängnis. Merkel hat die Vorsicht also von klein auf gelernt. Als Tochter eines Pfarrers aus dem Westen stand sie unter besonderer Beobachtung. Sie durfte nicht erzählen, was zu Hause gesprochen wurde. Sie lernte, sich zurückzunehmen. Worte können gefährlich sein – diese Regel hat sich früh bei ihr eingeprägt.

Das Gleiche gilt für Politiker in der Mediendemokratie. Die eigenen Worte sind das, was ihnen am gefährlichsten werden kann. Man denke an Kurt Becks Satz über die Kooperation mit der Linkspartei. Er saß in einer Kneipe in Hamburg und hat das unbedacht dahergesagt. Es waren auch Journalisten dabei, und die hatte Beck zur Schweigsamkeit verdonnert, indem er den Termin zum Hintergrundgespräch erklärte. Doch wenn wirklich wichtige Dinge gesagt werden, wird sich immer ein Journalist finden, der die Öffentlichkeit davon in Kenntnis setzt, mit einem gewissen Recht.

Aber es gibt auch den Hysterisierungsbetrieb. Lässt zum Beispiel Bundesinnenminister Wolfgang Schäuble, wie im September 2007 geschehen, in einem Interview den Satz fallen, es gebe eine Bedrohung durch eine sogenannte schmutzige, also nuklear verseuchte Bombe, dann ist das an sich kein Skandal. Es gibt diese Bedrohung wirklich. Es ist nur die Frage, wie konkret sie ist. Man kann darüber streiten, ob es sinnvoll ist, einen solchen Satz den Bürgern einfach so hinzuwerfen, wie Schäuble das getan hat. Eher nicht, er hätte sich den Satz sparen können. Aber der Skandal entsteht durch das, was die Medien aus dem Satz machen, die Hysterisierung. Sofort wurde eine große Deutungs- und Vermutungsmaschinerie angeworfen. Es wurden Aufmacher und Leitartikel geschrieben, die aus einem Satz eine neue Welt entstehen ließen, natürlich eine schlimme Welt. Da will dann Schäuble einen Polizeistaat errichten und die Macht der Kanzlerin hintertreiben. Es hagelte Kritik von allen Seiten. Merkel hörte davon, als sie in ihrem Wochenendhaus in der Uckermark gerade einen Pflaumenkuchen buk. Sie wusste sofort, dass sie von einer neuen Blase umgeben war. Man kann nämlich Politik auch als schnelle Folge von Blasen verstehen. Sagt Schäuble einen solchen Satz, bildet sich sofort darum herum eine mediale Blase. Drinnen, wo die betroffenen Politiker und Journalisten sitzen, gibt es nichts anderes als diesen Satz, die Reaktionen und Ausdeutungen. Der Satz bekommt eine Totalität in der Blase, beherrscht alles und jeden. Die Blase hält ein paar Tage, bis sie platzt und eine neue entsteht. Eine Weile glaubt man, es habe die vorherige Blase nie gegeben. Und doch bleibt etwas, ein Ruf setzt sich fest, ein Verdacht wird fast zur Gewissheit: Schäuble will einen Polizeistaat. Er wird das nie mehr loswerden, es ist in den Archiven und Köpfen. Man muss kein Mitleid mit ihm haben, er ist Profi genug, um das Spiel genau zu kennen. Man muss aber feststellen, dass das gesamte System so ist, dass einem Gerechtigkeit kaum widerfahren kann.

Es gibt unendlich viele solcher Beispiele. Wer nicht polarisieren will, hütet sich deshalb vor klaren Sätzen. Und eine Bundeskanzlerin will in der Regel nicht polarisieren, weil sie die Sache des gesamten Volkes vertreten muss. So können Worte eine zerstörerische Kraft entwickeln für den, der sie ausspricht, in der Politikszene einer Demokratie wie im Leben in einer Diktatur. Und in dieser Vorsicht gegenüber den eigenen Worten lässt sich Angela Merkel von niemandem übertreffen, da die Folgen in einer Diktatur weit schlimmer sind als in einer Demokratie.

Ein anderer Punkt ist die Haltung, die man zeigt. Angela Merkel hat die DDR nicht offen abgelehnt, sie hat sie aber auch nicht gefeiert. Sie hat sich neutral verhalten, war undeutlich, unkenntlich. Es war ein Leben in der Schwebe, keine Festlegungen, keine Klarheit. Auch dieses Verhalten aus einer Diktatur passt sehr gut zum politischen System der Bundesrepublik. Eine Festlegung ist immer eine Schwächung. Der Rahmen der Politik ändert sich sehr schnell. Jede Umfrage, jedes Wahlergebnis, jede Änderung der wirtschaftlichen Daten, jeder Satz eines Politikers, jede Koalitionskrise kann die Welt in kürzester

Zeit ganz anders aussehen lassen. Wer sich festgelegt hat, sieht dann womöglich schlecht aus. Die Steuererhöhung, die gestern gefordert wurde, kann heute als Unsinn gebrandmarkt werden, weil die Konjunkturprognose schlechter ausgefallen ist als erwartet. Das heißt, man fordert besser keine, jedenfalls nicht laut und öffentlich. Nichts halten sich Politiker gegenseitig lieber vor als Sätze von gestern, die heute wie eine Dummheit wirken. Aus Furcht vor solchen Nachweisen der Dummheit, der falschen Absichten, Strategien, Haltungen halten sich Politiker gerne in der Schwebe. Sie sagen Sätze, die immer gelten, egal wie die Umfragen oder die Konjunkturprognosen ausfallen. Wer undeutlich ist, kann nicht falsch liegen. Und auch an Undeutlichkeit lässt sich Angela Merkel von niemandem übertreffen. Ihr größtes Problem ist, dass sie sich einmal, ein einziges Mal grundsätzlich festgelegt hat, wie später noch zu sehen sein wird.

So war also das Kind der Diktatur ganz gut gerüstet für die Mediendemokratie. Zudem hatte sie den Vorteil, keine großen Loyalitäten entwickelt zu haben. Zwar verdankt sie Helmut Kohl ihre politische Karriere, aber er war nicht der Übervater für sie wie für die meisten Mitglieder des Andenpakts. Die hatten ihn ein Leben lang bewundert, er war unantastbar für sie. Da hatte Merkel ein anderes Selbstbewusstsein. Sie hatte ein Leben vor Kohl gehabt, ein ganz anderes Leben, und dieses Leben hatte ihr gezeigt, dass man ein Regime, das schwach ist, stürzen kann. Deshalb war sie in der Lage, Kohl zu erledigen, als er wegen der Spendenaffäre schwach war. Sie schrieb den berühmten Aufsatz in der *Frankfurter Allgemeinen Zeitung*, in dem sie auf Distanz zu Kohl ging. Damit hatte sie sich als stärkster Politiker der Generation nach Kohl in der Union gezeigt. Das war ihr Sprungbrett zur Macht, der Griff nach Parteivorsitz und Kanzlerschaft. Die anderen waren abgehängt.

Es gibt einen weiteren Grund, warum Merkel der ideale Typus für Politik total ist, der auch mit ihrer Vergangenheit zu tun hat. Merkels jäher Sprung an die Spitze der CDU hat die Konkurrenten aus dem Andenpakt erbittert. Sie wollten diese Scharte auswetzen und haben bald nach Merkels Wahl zur Parteivorsitzenden damit begonnen, sie zu bekämpfen. Es wurde ein gnadenloser Machtkampf, bei dem die Andenpaktler auch ihre Biographien verteidigten. Es konnte doch nicht sein, dass sich die Ochsentour nicht gelohnt haben soll, das jahrzehntelange Sitzen in Parteiveranstaltungen, die Demütigungen durch Helmut Kohl. Sie schlugen zurück, mit beinahe allen Mitteln.

Sie haben ihr, manchmal halb heimlich in Hintergrundgesprächen, manchmal offen, ihre Vergangenheit in der DDR vorgeworfen. Man konnte bald hören, dass Merkel die soziale Marktwirtschaft nicht verstehe, dass Merkel die Union nicht verstehe und dass Merkel die ganze Bundesrepublik nicht verstehe, weil sie in der DDR aufgewachsen war. Das heißt, sie durfte nicht ankommen in der Bundesrepublik, man hat sie zum ewigen Ossi gestempelt, um sie von der Kanzlerkandidatur fernzuhalten. Merkel war damit heimatlos. Die DDR war untergegangen, die Qualifikation zur echten Bundesbürgerin wurde ihr abgesprochen.

Dabei hat sie Bundesbürgerin gelernt, in einem Schnellkurs. Sie hat eine Unzahl von Geschichtsbüchern gelesen, sie hat Ludwig Erhardt gelesen, Konrad Adenauer, sie zitierte dauernd aus deren Reden, deren Werken, aber es reichte nicht, am Ende blieb immer der Vorwurf: Du warst nicht dabei. Sie war nicht dabei, als um die Ostpolitik gerungen wurde. Sie war nicht dabei, als die Nachrüstung durchgesetzt wurde. Sie konnte nichts tun gegen diesen Vorwurf, sie konnte ihr Leben nicht noch einmal anders leben.

Eine Heimatlose ist auch eine Schutzlose, eine Ausgelieferte. Entsprechend vehement fiel man über sie her. Die Kritik war maßlos, verletzend, ihre ganze Person stand in Frage. Sie hatte die falsche Frisur, das falsche Gesicht, die falsche Kleidung, die falschen Ansichten über Deutschland und die Welt sowieso. Sie galt als Männermörderin, weil sie Helmut Kohl, Friedrich Merz und Wolfgang Schäuble hinter sich gelassen hatte. Man warf ihr »soziale Kälte« vor und Kinderlosigkeit. Sie verkörperte also nicht das ideale Familienbild der Union. Es war nichts zu widerlich in diesem Machtkampf. Merkel war Parteivorsitzende, mächtig also, aber sie erlebte die Flüchtigkeit von Macht. Politik hatte die Unruhe von Quecksilber erreicht. Morgens hörte sie im Radio, wer aus der CDU oder der CSU schon wieder über sie hergefallen war. Von den anderen hörte sie ein Schweigen, das in den Ohren dröhnte. Kaum jemand sprang ihr zur Seite, sie war allein.

Die kann es nicht, war der Satz, der für sie gültig schien. Man machte sich lustig, man machte ihr deutlich, dass es kein Auffangnetz für sie geben würde. Wenn sie scheiterte, war da ein Nichts. Deshalb gab es für Angela Merkel nur einen Weg, den nach oben. Sie musste der Union die Kanzlerschaft holen, um eine Zukunft zu haben. Angela Merkel, von Haus aus ehrgeizig, wurde in einen brutalen Ehrgeiz getrieben. Heimatlosigkeit heißt auch, nichts verlieren zu können. Das fördert die Entschlossenheit. Merkel ist in diesem parteiinternen Machtkampf sehr hart, sehr stark geworden.

Seit 2005 hat sich in vier Fällen gezeigt, was einen Politiker schwach machen kann. Es ist das Idyll oder die Vorstellung von einem Idyll. Besonders deutlich wurde das bei Matthias Platzeck, dem Ministerpräsidenten von Brandenburg. Nachdem er im Herbst 2005 Bundesvorsitzender der SPD geworden war, fand er bald nichts schrecklicher als die kurzen Fahrten von Potsdam nach Berlin. Die musste er nun häufig machen, und Berlin war das Grauen, Potsdam das Glück. Ich habe ihn in diesen wenigen Monaten seiner Amtszeit hin und wieder getroffen. Er schwärmte jedes Mal von seinem Babelsberger Kiez, den Kneipen dort, den Freunden, mit denen er beim Wein in seiner Küche saß. Und er erzählte mir von einem Traum: Er würde gerne eine Kneipe in der Uckermark haben. Er wolle dort hinter dem Tresen stehen, mit den Gästen quatschen und dabei zusehen, wie das Bier golden in die Gläser läuft. So hatte er zwei Idyllen, Babelsberg und die erträumte Kneipe in der Uckermark. Wer eine so klare Vorstellung vom Glück hat, der empfindet jede Entfernung davon als Unglück. Matthias Platzeck war unglücklich als Parteivorsitzender, er litt unter den Härten der Mediendemokratie in Berlin. Sein Hörsturz war das Signal, dass er aufhören sollte. Als ich ihn drei Jahre später wieder traf, war er glücklich. Die Kneipe in der Uckermark hat er zwar noch nicht, aber er hat Zeit für Babelsberg, und Berlin muss nicht mehr seine Welt sein.

Edmund Stoiber wollte nach der Wahl 2005 ins Bundeskabinett gehen, als Superminister für Wirtschaft. Aber dann blieb er doch lieber in München, für ihn die schönere Welt. Es war der Anfang vom Ende seiner politischen Karriere. Kurt Beck ging zwar in die Bundespolitik, steckte aber mit dem Kopf und dem Gemüt in Mainz fest, seinem Idyll. Christian Wulff hat sein Niedersachsen und genießt die Freuden einer jungen Ehe. Da fiel es ihm leicht, sich einer Kanzlerschaft als unfähig zu erklären. Er hat ja etwas anderes, etwas Schöneres, wie er sagen würde. Man muss ihm das nicht unbedingt glauben, es könnte auch Defätismus angesichts von Chancenlosigkeit sein, aber wild entschlossen ist er jedenfalls nicht.

Angela Merkel war wild entschlossen, ist wild entschlossen. Sie kann sich nichts anderes vorstellen als Bundespolitik. Es gibt einen Satz, der einem als politischer Journalist immer wieder begegnet, der einen nervt, und dieser Satz geht so: »Ich muss das hier nicht machen.« Den sagen Politiker gerne, wenn sie ihrerseits genervt sind, wenn sie wütend sind. Sie sagen diesen Satz zur Selbstberuhigung oder als Drohung. Angela Merkel allerdings würde diesen Satz niemals sagen. Sie denkt so nicht, und sie weiß auch, dass sie sich mit diesem Satz lächerlich machen würde. Angela Merkel muss das machen, was sie macht. Sie hat kein Idyll, keine Ersatzwelt, keine klare Vorstellung von einem Danach, sie ist verdammt zu totaler Politik, und das macht sie stärker als fast alle anderen Politiker.

Deshalb konnte sie es aushalten, dass sie am Abend der Bundestagswahl 2005 als Verliererin dastand. Mit der Hoffnung auf 40 Prozent plus gestartet, war sie mit 35,2 Prozent ins Ziel gekommen. Gerhard Schröder hat sie in einer denkwürdigen Fernsehsendung am Wahlabend verhöhnt, hat ihr das Recht abgesprochen, Bundeskanzlerin werden zu können, obwohl die Union knapp stärker geworden war als die SPD, was Merkel traditionsgemäß das Recht auf die Kanzlerschaft in einer Großen Koalition gab. Sie hielt auch das aus. Sie ließ den Sturm vorüberziehen, sammelte ihre Partei hinter sich und wurde Bundeskanzlerin. Die wohl erstaunlichste Karriere in Nachkriegsdeutschland war an ihr Ziel gekommen.

Nun ist sie seit bald vier Jahren Bundeskanzlerin, und was hat das mit ihr gemacht? Zuerst war da ein Staunen, ein kleines Befremden darüber, dass sie, Angela Merkel aus dem Osten Berlins, den Sprung ins Kanzleramt geschafft hat. Und da war Genuss. In den ersten Monaten ihrer Kanzlerschaft machte sie ihre Antrittbesuche im Ausland, und sie machte eine gute Figur, und plötzlich war sie beliebt. Angela Merkel, die Frau mit dem falschen Gesicht, die meistangefeindete Frau der Republik war plötzlich beliebt und wurde gefeiert, in den Medien, in den Umfragen, bei ihren Auftritten.

Es passiert nicht oft, dass man Politiker glücklich erlebt. Jeder weiß, dass Glück in diesem Beruf von kurzer Dauer ist. Man zeigt sich lieber als dem Lande dienender Pflichtenerfüller, als Mensch unter einer Last. Aber Angela Merkel konnte in der ersten Phase ihrer Kanzlerschaft manchmal nicht anders, als ihr Glück rauszulassen. Eine solche Gelegenheit gab es bei ihrem ersten Asem-Termin, dem regelmäßigen Treffen europäischer und asiatischer Staats- und Regierungschefs, das Mitte September in Helsinki stattfand. Am Abend danach bat sie zu einem Hintergrundgespräch in ihrem Hotel, es gab Käseplatte und einen schönen Amarone. Es war ein langer, anstrengender Tag gewesen, aber die Kanzlerin war aufgekratzt, war glücklich. Sie erzählte von ihren Gesprächen mit den anderen Regierungschefs, als wäre sie ein Gast in dieser Runde, als hätte sie, eine ganz normale Frau mit einem ganz normalen Leben, bei einem Preisausschreiben einen Besuch bei dieser Konferenz gewonnen. Da war viel Staunen dabei, Verwunderung und immer wieder das Glück, dabei sein zu können. Das Staunen war jenes Staunen, das wohl auch eine ganz normale Frau überfallen hätte: Da sind ja ganz normale Menschen am Werk, bei diesen Präsidenten und Ministerpräsidenten geht es ja zu wie im richtigen Leben, mit Neid, Eifersucht, Beleidigtsein, Nicht-riechen-Können und so weiter. Man weiß das ja, und sie wusste es auch, aber wenn man es dann erlebt, ist es trotzdem eine kleine Überraschung. Merkel ärgerte sich ein bisschen darüber, dass der italienische Ministerpräsident Romano Prodi vor ihr erfahren konnte, dass Michael Schumacher den Großen Preis von Italien in Monza gewonnen hatte. Er hat es ihr gleich mitgeteilt, mit der kleinen Freude des Wissenden, der Überlegenheit des Schnelleren. Lieber wäre es ihr gewesen, sie hätte es ihm sagen können. Also gab sie Anweisung, dass das Lagezentrum des Bundespresseamts sie künftig über die Ergebnisse von Michael Schumacher zu unterrichten habe.

Als der Abend fortschritt, begann Merkel, die andere Leute gut imitieren kann, ihre Kollegen nachzumachen, auf eine nette, nicht verletzende Weise. Sie machte den polnischen Ministerpräsidenten Jaroslaw Kaczynski nach, Papst Benedikt XVI. und den chinesischen Premierminister Wen Jiabao. Sie sprudelte. Es wurde zwölf, es wurde eins, Merkel erzählte immer weiter, und als sie um halb zwei ins Bett gehen wollte, wurde sie von Jean-Claude Juncker abgefangen, dem Regierungschef von Luxemburg, der unbedingt noch einen Wein mit ihr trinken wollte. Sie trank noch einen Wein mit ihm. Sie war beseelt von ihrem Amt, ihrer Rolle, ihrem Leben.

Das Schicksal von Bundeskanzlern, die länger im Amt bleiben, ist die Versteinerung. Sie kommen als Helmut Kohl oder Gerhard Schröder in das Amt, und dann werden sie allmählich zu Bundeskanzlern. Sie entfernen sich von dem Ich, mit dem sie ins Kanzleramt eingezogen sind, nehmen Staatlichkeit in sich auf und versteinern.

Sie werden herrisch, ihre Verachtung für Journalisten wächst von Woche zu Woche, sie werden selbstherrlich, sie werden eins mit dem Amt, das sie bekleiden. Am Ende können sie sich nicht mehr vorstellen, dass es dieses Amt ohne sie gibt. Kohl wollte die Kanzlerschaft nicht Wolfgang Schäuble überlassen, obwohl das die einzige Chance gewesen wäre, seiner Partei dieses Amt zu erhalten. Schröder tat nach seiner Abwahl so, als könne er weiterregieren. Beide haben ihre Abschiede vermasselt, obwohl sie wissen mussten, dass Abschiede enorm wichtig sind für eine Demokratie.

Ein Wesensmerkmal der Demokratie ist die Selbstverständlichkeit des Wechsels. Alle Ämter sind auf Zeit vergeben, es ist kein Skandal, wenn einer sein Amt verliert und der nächste übernimmt. Aber Kohl und Schröder wollten weitermachen, als wäre ihr Auftrag von Ewigkeit. Es ist der brutalste Job, den man in Deutschland machen kann, aber es ist auch die größte Belohnung, die es für einen Politiker gibt. Niemand kann sich der Kraft dieses Amtes entziehen. Kein Kanzler verlässt das Kanzleramt als der Mensch, der hineingegangen ist.

Trotz aller Versteinerung sind Kohl und Schröder als Menschen kenntlich geblieben. Bis zum Ende ihrer Amtszeiten war klar, wer hier regiert, vor allem welches Gemüt, welche emotionale Temperatur. In ihren Ausbrüchen wurden sie immer wieder als Menschentypen deutlich, aber auch in ihren Haltungen und ihrer Lebensführung außerhalb des Kanzleramts. Der Mensch Angela Merkel dagegen blieb in ihren ersten Kanzlerjahren heimlich und damit unheimlich. Es waren Jahre des Verbergens. In einer Großinszenierung verschwand ein Mensch und wurde eine Politikerin präsentiert, eine Figur der totalen Politik.

Merkel hat einen großen Nachteil gegenüber Kohl und Schröder. Sie kann nicht mit ihrer Herkunft Politik machen. Bei ihren Vorgängern spielte das eine wichtige Rolle. Sie sind beide Kriegskinder, Kohl hat seinen Bruder verloren, Schröder seinen Vater. Sie haben die Entbehrungen der Nachkriegszeit erlebt, Schröder große Armut. Ihre Erfahrungen gehören zur kollektiven Erinnerung einer ganzen Generation und zum Erinnerungsschatz Deutschlands. Mit Hinweisen auf ihre Herkunft konnten sie immer Gefühle ansprechen und breite Zustimmung gewinnen, zumal das gemeinsame Leiden in eine Erfolgsgeschichte mündet, den Aufbau der Bundesrepublik. Mit dieser Geschichte im Rücken hatten Kohl und Schröder eine Basis für ihre Politik, eine Sicherheit.

Merkel hat das nicht. Als Ostdeutsche decken sich ihre Erfahrungen nur mit denen eines kleineren Teils der Bevölkerung. Zudem gibt es noch immer Unvereinbarkeiten in der Wahrnehmung der DDR. Die einen sagen: Es war nicht alles schlecht. Die anderen sagen: Die DDR war fürchterlich. Merkel passt deshalb auf, nicht als Ostdeutsche wahrgenommen zu werden, sie hat sich gewissermaßen neutralisiert, von ihrer Herkunft abgeschnitten. Selbst das, was ihr im Westen eigentlich Anerkennung eintragen könnte, ihre Distanz zum Regime der DDR, wird ihr als Schwäche ausgelegt. Das zeigte sich in der Debatte um den Besuch des Dalai Lama, den sie im Kanzleramt empfangen hatte. Der SPD passte das nicht, weil sie lieber ungetrübte Beziehungen zum autoritären chinesischen Regime pflegen möchte. Gerhard Schröder war dann der Erste, der öffentlich angedeutet hat, Merkels härtere Haltung gegenüber China könne daran liegen, dass sie selbst unter einem sozialistischen Regime gelitten habe. Das war als Vorwurf gemeint. Sie könne aus Hass gegen eine Parteidiktatur keine vernünftige Politik machen. Damit war sogar die beste Seite von Merkels Vergangenheit diskreditiert.

Ihr fehlt also das wichtigste Instrument für eine emotionale Politik, die Erinnerung an ein gemeinsames, ein nationales Leiden. Die Frage ist allerdings, ob sie das überhaupt eingesetzt hätte. Emotionalisierung ist ja auch sonst nicht ihre Stärke. Emotionalisierung braucht eine Emotion, und davon ist bei ihr wenig zu spüren.

Was der Kanzler Kohl für ein Mensch war, lag auf der Hand. Er sprach viel von Familie, und auch wenn daheim nicht alles zum Besten stand, war und ist er glaubhaft ein Mensch, dem Familie etwas bedeutet. Er hatte eine barocke, etwas kitschige Lebensart, zu der die Hammondorgel von Franz Lambert genauso gehörte wie das Absäbeln dicker Wurstscheiben für sich und seine Mitarbeiter bei politischen Ausflügen. Er konnte dem französischen Präsidenten Mitterand über den Gräbern von Verdun die Hand reichen, und man ahnte, dass echte Gefühle hinter dieser Geste steckten. Er hat sich einmal so vergessen, dass er auf einen Demonstranten, der ihn mit einem Ei beworfen hatte, losgestürmt ist. So gab es immer wieder Sätze und Szenen, in denen sich ein Mensch zeigte.

Was der Kanzler Schröder für ein Mensch war, lag ebenso auf der Hand. Er zeigte gerne seine junge Frau vor und machte in Witzchen schon mal deutlich, dass er einer ist, der mit einer jungen Frau etwas anzufangen weiß. Er trank kräftig, liebte Zigarren, spielte regelmäßig Skat mit seinen Freunden im Kanzleramt und polterte schon mal rum. Malerei bedeutet ihm etwas. Am Wahlabend schnappte er sich meinen Kollegen Matthias Geyer, der kritisch über ihn berichtet hatte, und fauchte ihn an, er solle bloß aufpassen. Auch bei ihm gab es immer wieder Sätze und Szenen, in denen sich ein Mensch zeigte.

Und bei Merkel?

Es ist eine große Frage ihrer Kanzlerschaft, welches Gemüt dort regiert, welche Temperatur. Ein viel beachtetes Ereignis ihrer ersten Jahre im Amt war das Foto, das sie vor der Oper in Oslo zeigt. Sie trug ein Kleid mit einem tiefen Ausschnitt. Es gab eine Menge Aufregung, das Foto wurde oft gedruckt, oft kommentiert. Was bedeutet das? Was will sie uns damit sagen? Gibt es eine politische Botschaft des Busens? Es steckte viel Überraschung darin. Ein Busen, eine Frau also. Als hätte man das schon vergessen.

Dabei war eine große Frage vor ihrem Amtsantritt: Was wird anders sein, wenn eine Frau ins Kanzleramt einzieht? Ihre Vorgänger Kohl und Schröder haben ihre Rollen deutlich männlich ausgeübt. Würde nun alles anders werden? Was ist weibliche Machtsymbolik?

Schröder war Körperpolitiker. Er schüttelte unendlich viele Hände, umarmte, fasste an Ärmel, klopfte auf Schultern. Und Schulterklopfen ist auch Machtausübung. Wer klopft, herrscht. Schröder zog sich das Sakko aus, wenn er eine Wahlkampfrede hielt. Jetzt wird gearbeitet, hieß das, jetzt kommt totales Engagement, für euch, die Zuhörer.

Merkel kann sich nicht das Sakko ausziehen, für eine Bundeskanzlerin gibt es im Alltag nur Hochgeschlossenheit, Verpanzerung, weil ein Busen allzu leicht hysterisiert werden kann, siehe Oslo. Sie trägt immer einen Hosenanzug, die Jacke bis oben zugeknöpft, Kleidung von höchster Sachlichkeit, Schmucklosigkeit, das Gegenstück zum männlichen Anzug. Zwar variiert die Jackenfarbe, aber darin steckt genauso viel Aussage wie in der Varianz von Krawatten, in der Regel keine. Mit ihrer Kleidung hat sich Merkel neutralisiert.

Körperpolitik ist schwierig für sie. In der Regel hat sie es mit Männern zu tun, da muss sie sich vor den Augen der Kameras vor allem hüten, was zweideutig wirken könnte. Zurückhaltung also auch hier. Deftiges Schulterklopfen steht ohnehin nicht im Gestenkatalog für Frauen. Bei ihnen wirkt das deshalb noch anmaßender. So fiel die männliche Machtsymbolik weg, wurde aber auch nicht durch eine weibliche ersetzt. In dieser Hinsicht erlebten die Bürger in den vergangenen Jahren Neutralität.

Aber das stimmt nur für die Politik im Inneren, für ihren Umgang mit den deutschen Kollegen. Von ihren Kollegen aus dem Ausland wurde die deutsche Bundeskanzlerin zunächst als Dame behandelt. Es gab immer ein großes Geherze und Geküsse, die Herren gaben sich charmant und zuvorkommend und machten ihr mit kleinem Augenzwinkern den Hof. Das konnten sich auch nur Leute wie George W. Bush, Tony Blair oder Jacques Chirac erlauben, weil sie auf derselben Hierarchiestufe standen wie Merkel. Da darf man auch ein bisschen miteinander spielen.

Merkel spielte da mit. Sie spielte in diesen Momenten nicht Dame, aber Mädchen, auch mit Augenzwinkern. Es gefiel ihr, so umschwärmt zu werden, und den Männern gefiel, dass es ihr gefiel. Man hatte es nett miteinander. Das war die Atmosphäre, in der Merkel ihre außenpolitischen Erfolge erzielt hat. Man kann sogar sagen, dass gespielte Mädchenhaftigkeit eine Voraussetzung dieser Erfolge war. Merkel ist auch hartnäckig, aber diese Hartnäckigkeit wirkt für einen Mann nicht so bedrohlich, wenn sie mädchenhaft daherkommt.

Damit ist zum Teil erklärt, warum Merkel außenpolitisch zunächst relativ erfolgreich war, innenpolitisch aber nicht. Innenpolitisch wirkt dieses Verhalten nicht. Es ist ein bisschen so wie in Partnerschaften. Wenn man sich über Jahre fast täglich sieht, lässt die Zuvorkommenheit füreinander nach. Merkel wird von ihren Kollegen in Deutschland kaum noch als Frau wahrgenommen, sondern eigentlich nur noch als Politikerin. Und die Innenpolitikerin verhält sich auch nicht mädchenhaft. Sie hat mit fast allen deutschen Spitzenpolitikern heftige Kämpfe ausgetragen, sie hat verletzt und ist verletzt worden. In solchen Kreisen spielt man eher Kerl als Mädchen.

Ein Teil von Körperpolitik ist Gestik. Merkel ist da sparsam, aber es gibt ein paar Muster. Wenn sie redet, baut sie mit ihren Händen Kästchen, deren Größe variiert. Oder sie streckt einen Arm zur Seite, aber nicht in einer Bewegung, sondern in Stufen. Es sind nicht die Gesten für große Würfe. Sie teilt die Welt ein, macht sie übersichtlich, beherrschbar. Es sind Gesten für das, was Popper *piecemeal social engineering* genannt hat, eine Politik der kleinen Schritte, ein soziales Ingenieurwesen. Es sind Gesten einer Wissenschaftlerin: sich ein überschaubares Problem herausnehmen und daran arbeiten.

Merkels Privatleben spielt für ihre Kanzlerschaft keine Rolle. Ihr Mann Joachim Sauer ist selten bei den Terminen dabei. Er gibt keine Interviews, mischt sich erkennbar nicht ein. Anders als bei Schröders ist nicht bekannt, was für eine Art von Ehe die beiden führen. Merkel spricht nicht darüber. Das hat etwas Gutes, etwas Angenehmes. Während ihrer ersten Amtszeit hat Wulff das Glück mit seiner neuen Liebe für die Öffentlichkeit zelebriert, Berlins Regierender Bürgermeister Klaus Wowereit hat aufschreiben lassen, dass er, man denke, als Jugendlicher mit Mädchen geknutscht hat. Und die ehemalige Fürther Landrätin Gabriele Pauli hat sich mit Latexhandschuhen ablichten lassen. Der Vizepräsident des Deutschen Bundestags, Wolfgang Thierse von der SPD, hat eine solche Offenherzigkeit einmal den »Terror der Intimität« genannt, und ihm ist zuzustimmen. Merkel macht dieses Spiel nicht mit, und deshalb ist sie kein bisschen peinlich.

Sie erzählt mal, dass sie immer noch Kartoffelsuppe kocht und Pflaumenkuchen backt, dass sie gern beim Chinesen essen geht und ungern Schuhe einkauft, weil die Verkäuferinnen immer so ein Riesenbohei machen um die Bundeskanzlerin. Aber das ist nicht wirklich ein Einblick in ihr Privatleben.

Wie gesagt, es ist gut, dass sie die Öffentlichkeit damit nicht behelligt oder unterhält, je nach Standpunkt. Aber diese Verschlossenheit trägt dazu bei, dass es so schwer ist, zu erkennen, welcher Mensch dieses Land regiert. Es legt auch den Verdacht nahe, dass das Private keine besonders große Rolle spielt in ihrem Leben. Zeit dafür bleibt ohnehin kaum, aber Merkel macht insgesamt den Eindruck, dass sie sehr gerne ganz und gar Bundeskanzlerin ist.

Das Bild von dieser Kanzlerin ist also ein rein politisches. Aber was zeigt dieses Bild von der echten Angela Merkel? Gibt es die noch, oder ist sie längst in der großen Kanzlerinnen-Inszenierung verschwunden? Man muss hier unterscheiden zwischen einem öffentlichen Bild und einem nicht-öffentlichen Bild, das man sich als Journalist zum Teil machen kann. Die Differenz ist erheblich.

Das öffentliche Bild ist zum einen geprägt von ihren Auftritten im Ausland. Damit ist sie beliebt geworden, dem selbstverständlichen Umgang mit den Politikgrößen dieser Welt. Allerdings ist es auch leicht, sich mit Außenpolitik Beliebtheit im Inneren zu verschaffen. Dann ist es wie bei Länderspielen, wenn die Fans von Borussia

Dortmund, Bayern München oder Werder Bremen für dieselbe Mannschaft sind und den Spielern aus den anderen Vereinen zujubeln. Man solidarisiert sich mit der Bundeskanzlerin, man will ihren Erfolg, damit Deutschland gut dasteht. So war es strategisch geschickt, sich anfangs auf die Außenpolitik zu verlegen. Damit war der Grundstein für ihre Beliebtheit gelegt.

Doch bald wurden Vorwürfe der SPD laut, Merkel vernachlässige über ihrer Tummelei im Ausland die Innenpolitik. Das war ein billiger Punkt. Gleichwohl ist da etwas dran. Merkel hat die Bürger ihres Landes vernachlässigt. Das scheint im Widerspruch zu stehen zu den guten Umfragewerten, die sie hat. Entweder nehmen ihr die Bürger die Vernachlässigung nicht übel. Oder die Umfragewerte geben einen falschen Eindruck wieder. Vermutlich verhält es sich so. Merkel ist die Kanzlerin einer Großen Koalition, sie wird daher von Bürgern, die zur Union und zur SPD neigen, eher milde betrachtet. Das trägt zu ihren guten Umfragewerten bei.

Merkel hat nicht eine Rede gehalten, die in Erinnerung geblieben ist. Auch Kohl und Schröder nicht, aber das ist keine Entschuldigung. Dieses Land ist seit Jahrzehnten unterversorgt mit guten Reden, das heißt unterversorgt mit Ansprache, mit Mitnahme. Schröder hat es versäumt, den Bürgern seine Agenda 2010 zu erklären. Merkel hätte eine große Rede halten müssen, als der Finanzmarkt weltweit zusammenbrach. Sie hat sie nicht gehalten, weder im Bundestag noch sonst wo. Die Grundfesten der Welt waren erschüttert, alles wurde auf den Kopf gestellt, aber der

Bundeskanzlerin fehlten die Worte dazu. Sie ließ die Bürger allein mit ihren Sorgen oder stürzte sie noch weiter in Verwirrung. Als sie an einem Sonntag Anfang Oktober den Bürgern versichern wollte, dass ihre Spareinlagen sicher seien, hat sie das so verquast, so ungeschickt gemacht, dass das Kanzleramt kurz darauf eine Klarstellung nachschieben musste.

Reden sind immer eine Möglichkeit, sich deutlich, sich kenntlich zu machen. Merkel ist das nicht gelungen. Gegen Mitte der Legislaturperiode hat das einen Mann unruhig gemacht. Das war Norbert Röttgen, Parlamentarischer Geschäftsführer der Unionsfraktion im Bundestag. Er ist einer der klügsten Köpfe dort, er hat sich eine kleine Gruppe von Denkern zusammengestellt, mit denen er über die großen Themen der Globalisierung diskutiert. Und er ist ein Bewunderer von Barack Obama, dem amerikanischen Präsidenten. Als der noch Kandidat war, hat Röttgen ein Interview gegeben, in dem er dessen Redekunst gerühmt hat, und damit war Rhetorik erst an zweiter Stelle gemeint. Röttgen bezog sich vor allem auf Obamas Kunst, die Bürger zu erreichen, ihnen eine Idee von dem zu geben, warum sie Bürger sein sollen, also Interessierte, Mitmachende, Mitglieder einer Gesellschaft. Wer wollte, konnte dieses Interview als Kritik an der Bundeskanzlerin lesen. Ihre Reden versinken rasch in einem Kleinklein, in einer Betrachtung von Stellschrauben. Warum muss der Gesundheitsfonds so organisiert sein und nicht anders?

Alle Politiker suchen nach einem Wort wie Willy

Brandts »mehr Demokratie wagen«. Sie liegen nicht auf der Straße, man muss eine Idee haben von seinem Land und eine Idee davon, wie man es verändern möchte. Angela Merkel hat in ihrer Kanzlerschaft weder eine solche Idee mitgeteilt, noch hat sie versucht, eine umzusetzen. Sie verlegte sich auf das politische Ingenieurswesen, die Arbeit an den Stellschrauben. Die aber findet naturgemäß eher in den Kammern statt als auf den Marktplätzen. So durfte sich der Bürger durchaus alleingelassen fühlen von seiner Kanzlerin. Sie ließ sich nicht oft blicken.

Der Kontakt zum Bürger ist ja ohnehin nicht ihre Stärke. Ich habe sie im Wahlkampf 2005 oft beobachtet, ich habe auch Gerhard Schröder oft beobachtet. Wenn er eintraf, stürzte er sich geradezu auf die Wartenden. Keine Hand konnte ihm entkommen. Er marschierte zur Bühne, indem er beidhändig Hände schüttelte. Er schaffte ungefähr fünf Hände pro Sekunde, dazu großes Dauerlächeln und auch mal Stehenbleiben für ein Autogramm, ein Handyfoto. Angela Merkel hat sich den Menschen, die sie wählen sollten, scheu genähert, vorsichtig, bloß nicht viel Kontakt. Sie hat auf dem Weg zur Bühne vielleicht fünf, sechs Hände insgesamt geschüttelt. Volk kann sie nicht, immer noch nicht, obwohl sie als Kanzlerin etwas besser geworden ist.

Ihre Kanzlerschaft war bislang eine große Verweigerung, sich über Worte zu erkennen zu geben. Mich hat manchmal gewundert, dass sie das so macht. Denn es gibt sie auch anders. Es gibt Angela Merkel zweimal: vor der Öffentlichkeit und im kleinen Kreis. Im Juni 2008 gab es einen EU-Gipfel in Brüssel. Es war eine schwierige Situation. Die Iren hatten gerade den Vertrag von Lissabon abgelehnt. Die Politiker suchten nach einem Weg aus der Krise, kamen aber nicht recht weiter. Nach den Gesprächen gab Merkel eine Pressekonferenz, sie redete tonlos, ohne Engagement, sie langweilte mit Floskeln, mit leeren Sätzen, es war fürchterlich. Einige Stunden später gab es in ihrem Hotel ein Hintergrundgespräch mit deutschen Journalisten. Dort saß ein anderer Mensch, eine andere Politikerin. Sie redete so klug und leidenschaftlich über Europa und die Aufgaben der Politiker, dass einige Journalisten nicht anders konnten, als ihr zu applaudieren. Das ist eigentlich strengstens verboten, das ist peinlich, man muss Distanz halten zu den Politikern, über die man berichtet. Aber sie hatte wirklich überzeugt.

Auch auf den Auslandsreisen ist sie oft sehr gut. Als sie im Sommer 2007 in China und Japan war, gab es fast jeden Abend einen Hintergrund für die Journalisten. Offen, kenntnisreich und schlagfertig erläuterte sie ihre Begegnungen vom Tage. Es stellt sich die Frage, warum sie diese Seite den Bürgern nicht zeigt, warum sie in der Öffentlichkeit oft so sperrig und unbeholfen redet, obwohl sie anders kann. Eine Erklärung ist, dass sie sich mit Journalisten meist in einem Schutzraum befindet. Aus einem Hintergrundgespräch darf eigentlich nichts nach außen dringen, man muss vorsichtig sein beim Schreiben. Als ich einmal nicht vorsichtig war, wurden mir die Zugänge zur Bundeskanzlerin für eine längere Zeit gesperrt.

Nun haben Schutzräume durchaus etwas für sich. Gerade in der Politik, wo ein Satz die Welt verändern kann, sind sie eine Möglichkeit, Journalisten in die tieferen Gedanken der Bundeskanzlerin einzuweihen, damit sie eine bessere Grundlage für ihre Geschichten und Urteile haben. Allerdings gehe ich nicht in erster Linie zur Bundeskanzlerin, weil das für mich persönlich interessant ist. Ich gehe im Auftrag meiner Leser dorthin. Journalismus verfehlt seinen Sinn, wenn die Journalisten bedeutend mehr wissen, als sie ihren Lesern mitteilen können. Während Merkels Kanzlerschaft ging diese Schere weit auseinander. Merkel ist die Königin der Hintergründe, bleibt aber für die breite Öffentlichkeit blass.

Kontrolle ist ein wichtiges Wort ihrer Kanzlerschaft. Sie will das Bild, das sich die Öffentlichkeit von ihr machen kann, kontrollieren. Ihre Regierungssprecher wählen sehr genau aus, wer sie auf ihren Auslandsreisen begleiten darf. Interviews gibt sie vornehmlich den Medien, die sie zu ihrem Lager zählt. Das ist die Springer-Presse, das ist die *Frankfurter Allgemeine Zeitung*. Im *Spiegel* tritt sie nicht gerne auf, weil der nicht das richtige »Umfeld« bietet, also kaum wohlwollende Berichte über ihre Politik.

Kontrolle will sie auch über die Bilder haben. Man muss dazu wissen, dass es in der Politik nicht nur einen heftigen Kampf um zitierbare Worte gibt, zwischen Politikern und Journalisten, sondern auch einen heftigen Kampf um Bilder, zwischen Politikern und Fotografen. Gerade Merkel hat lange unter der Allgegenwart von Kameras gelitten. Das liegt auch daran, dass in ihrer Zeit als Oppositionsführerin Fotos gezeigt wurden, die sie in besonders unglücklichen Posen oder mit besonders unglücklichen Gesichtern zeigten.

Als Merkel im Wahlkampf 2005 die deutschen Soldaten im Kosovo besuchte, sollte sie mit zwei Soldaten auf deren Schlafstube sprechen. Sie kam in einen Raum mit schmalen Betten und Spinden und der schwülen Atmosphäre abgestandener Männlichkeit. Unter den Fotografen und Kameraleuten brach eine kleine Hysterie aus. Endlich gab es eine Gelegenheit, an richtig heiße Ware zu kommen. Es sollte etwas entstehen, was es eigentlich nicht gibt: eine intime Situation unter allgemeiner Beobachtung. Die Schlafstube füllte sich mit Menschen und Kameras, wüstes Geschiebe, schwitzende Männerkörper, ein Luftgefecht der Mikrofongalgen, die Stimmung überbordender Bildergier. Angela Merkel war eingeklemmt zwischen Männern, rechts und links die beiden Soldaten, ihr gegenüber die drängelnden Leute mit den Kameras. Am Rücken konnte sie schon die Spinde spüren. Und jetzt nett plaudern, jetzt so tun, als wäre sie hier allein mit zwei Soldaten und interessierte sich sehr für deren Belange. Und locker bleiben, gut aussehen.

Sie hat das nicht geschafft, sie ist unter diesem Druck mehr oder weniger zusammengebrochen. Das Gespräch ist ihr entgleist. Sie hat die Soldaten gefragt, ob es hier »Mäuschen« gebe und Kröten, und redete ewig über Ungeziefer. Es war, als wüsste sie überhaupt nicht, wo sie ist.

Später stand sie auf einem Hügel und betrachtete die

Stadt Prizren. Dunkle Wolken rollten über die Berge, ein Hubschrauber kratzte am Himmel, rote Dächer, spitze Türme. Plötzlich war Merkel Marionette. Die Fäden zogen die Fotografen und Kameraleute, die sie näher an die Brüstung dirigierten und ihr Gesten vorschrieben. Sie kamen ihr nahe, immer näher, und als Merkels Pressesprecher etwas Abstand einforderte, damit sie nicht über die Brüstung kippte, wurde der Ton der Fotografen unverfroren, rüde. Sie traten auf wie Leute, die ein Recht auf Bilder haben, Bilder, die so sind, wie sie es wünschen. Merkel wehrte sich kurz, ergab sich dann dem Marionettendasein und klopfte auf Fotografenbefehl einem Soldaten an den Brustpanzer, nahm dann wunschgemäß eine Granate in die Hand und suchte verzweifelt nach einem Gesicht für die Granate. Und es wurden wieder diese seltsamen Merkelgesichter, in denen auch die Frage steht, ob das alles eigentlich sein muss.

Als Kanzlerin hat sie sich damit abgefunden, dass es so ist. Es geht jetzt nur noch darum, wer die Oberhand über die Bilder hat. Nun sagt sie den Fotografen genau, wo sie zu stehen haben und wo nicht. Steht einer hinter ihr, wird sie wütend. Sie lässt jetzt für die richtigen Bilder von sich sorgen. Als sie noch Klimakanzlerin war, ist sie nach Grönland geflogen, hat eine rote Jacke angezogen und sich vor das schmelzende Eis gestellt. Die Nothelferin, die Retterin der Welt.

Im Sommer 2006 hat sie die Marine in Warnemünde besucht. Mit der Fregatte »Sachsen« fuhr sie hinaus auf die Ostsee, dort gab es die üblichen Fotos am Steuerknüppel. Das sind die beliebtesten Fotos überhaupt bei Politikern. Sie steuern ein dickes Schiff oder eine schnelle Bahn, und das soll nach Führungskraft aussehen. Sie hat das auch gemacht, und dann sollte sie noch zuschauen, wie vier Kampfjets vom Typ »Tornado« im Tiefflug über die Fregatte hinwegfegen. Sie wurde gewarnt. Die Flieger seien sehr laut, man reichte ihr Ohrenschützer. Merkel nahm sie nicht. Sie wurde noch mal gewarnt. Nein, keine Ohrenschützer. Der erste Tornado kam. Ich habe mir die Ohren zugehalten, und trotzdem habe ich nie so etwas Lautes gehört wie dieses Flugzeug. Terror für die Ohren, ein heftiger Schmerz. Merkel hat das viermal ausgehalten, ohne sich die Ohren zuzuhalten. Sie war durchdrungen von einem fanatischen Gestaltungswillen, von der Gestaltung der Bilder von sich. Es gab dann diese Fotos, in denen sie so seltsam lächelt, kindhafte Freude paart sich mit Horror. Es waren keine schönen Fotos, aber Merkel wollte auf keinen Fall die anderen, die mit Ohrenschützern. Bei jeder halbwegs passenden Gelegenheit wären sie gedruckt worden, mit der Bildzeile: Die Kanzlerin hört nicht hin, hört nicht zu, will nichts wissen von der Welt.

Da zeigt sich auch das Zweifelhafte eines Journalismus, der alles zum Symbol erhebt, der Politik bis ins Letzte ausdeutet. Wobei sich Merkel nicht über das Zweifelhafte daran aufregt. Es geht ihr nur darum, die Symbole in die Welt zu setzen, die ihr nützen können, zum Beispiel das Foto in der nothelferroten Jacke vor dem weißen Eis, zum Beispiel die Hand auf dem Steuerknüppel des Schiffes.

Es gibt diese Inszenierung aber nicht nur von einer Seite, von den Regierenden. Auch die anderen, die Regierten, zeigen gerne ein geschöntes Bild. Ich stehe oft bei denen, die auf einen Besuch der Bundeskanzlerin warten. Ich höre, wie die schönen Sätze ein letztes Mal geprobt werden, ich sehe, wie die Sonntagsgesichter geübt werden. Noch einmal den Boden wischen, noch einmal das Beet harken. Einmal war ich dabei, wie Jürgen Großmann, damals geschäftsführender Gesellschafter der Georgsmarienhütte bei Osnabrück, auf die Kanzlerkandidatin gewartet hat. Er stand auf dem roten Teppich, befeuchtete einen Zeigefinger mit Spucke und rieb sich damit die Augenbrauen glatt. Schönsein für Merkel. Ich war auch mal dabei, wie Lehrlinge mit Behinderungen der Kanzlerin hinter verschlossenen Türen von ihren Erfahrungen und Problemen berichten sollten. Probleme kamen nicht vor, selbst auf Nachfragen von Merkel nicht. Sie wollten der Bundeskanzlerin ein schönes Bild präsentieren, nicht das reale.

Politik generell ist eine große Inszenierung, von allen Seiten. Man formt Bilder, man schönt, man hysterisiert. Die Realität geht dabei verloren.

Neu bei Merkel ist die Totalinszenierung. Schröder war auch ein großer Inszenierer, vor allem was Bilder angeht. Aber er konnte auch danebenliegen, weil er sich selbst so ausgeliefert war. Er spielte mit den Medien und verzockte sich manchmal. Zum Beispiel indem er sich mit einem Anzug von Brioni fotografieren ließ. Zum Beispiel indem er fröhlich bei Thomas Gottschalk auftrat, als habe er nichts anderes zu tun. Zum Beispiel indem er sich nachts unter Rotweineinfluss von Journalisten in einen Plan für Blauhelmeinsätze im Irak hineinplaudern ließ. Daraus wurde eine Titelgeschichte, die für enormen Wirbel gesorgt hat und sofort dementiert werden musste, weil es diesen Plan in der realen Welt nicht gab, aber Schröder war's egal. Er hat das keinem übelgenommen. Hauptsache Schlagzeilen, Hauptsache Leben in der Bude. Alles, was andere als Fehler wahrnahmen, konnte er als Husarenstück belachen.

Und Merkel? Gibt es hinter ihren Fassaden so etwas wie eine wahre Merkel? Ich muss zugeben, dass ich das nicht weiß, obwohl ich sie oft beobachte und manchmal mit ihr rede. Mich hat anfangs überrascht, wie schnoddrig sie sein kann, wenn sie keine Kamera auf sich gerichtet weiß. Man sieht von Kanzlern ja meist die staatshaften Gesten und hört die abgezirkelten Worte. Außerhalb ihres offiziellen Auftretens ist Merkel eine Frau, an der eine strenge Mutter einiges auszusetzen hätte, an der Wortwahl zum Beispiel. Sie kann durchaus sagen, der eine oder andere solle doch »mal das Maul halten«. Weitere Konstanten sind ihr sarkastischer Witz und der Hang zur gespielten Überraschung. Wenn man sie mit Kritik konfrontiert, zeigt sie sich erst einmal überrascht, dass man das überhaupt so sehen kann. Aber das ist schon wieder ein Spiel, eine Fassade.

Merkel zeigt sich weit weniger als ihre Vorgänger. Sie hat mehr Angst vor der Hysterisierung von Sätzen, vor dem Hervorkramen abgelebter Einlassungen, Angst vor Fehlerhaftigkeit, Angst vor Bildern, die Unangenehmes symbolisieren, Angst vor allem, das ihre Wiederwahl beeinträchtigen könnte. Und sie kann das durchhalten, weil sie nicht solchen inneren Dämonen ausgeliefert ist wie Schröder. Sie hat sich weitgehend im Griff, und deshalb gibt es nun zum ersten Mal die totale Inszenierung einer Kanzlerschaft. Aber das heißt auch, dass diese Kanzlerschaft glatt wirkt, vielfach geschmirgelt, poliert, lackiert, und zwar mit Mattlack lackiert. Kein Glanz. Es liegt etwas Roboterhaftes in all dem, Politik total als die Entfernung vom Prinzip Mensch, zu dem eben Leidenschaften, Abweichungen, Fehler gehören. Das alles wäre natürlich in Ordnung, wenn dabei eine gute Politik herauskäme.

DIE REFORMKANZLERIN

Geschichte einer Selbstauflösung

Die deutsche Politik hat in diesem jungen Jahrtausend drei Schicksalsjahre erlebt: 2001, das Jahr der Attacke auf Amerika, 2003, das Reformjahr in Deutschland, und 2008, das Jahr der Weltfinanzkrise. Jedes Mal haben sich die Grundlagen politischen Handelns weitgehend erneuert.

Als am 11. September 2001 entführte Passagiermaschinen das World Trade Center in New York zum Einsturz brachten und das Pentagon in Washington erheblich beschädigten, als rund 3000 Menschen starben, begann der Krieg gegen den islamistischen Terrorismus. Er findet nicht nur im Irak und in Afghanistan statt, sondern auch in London, in Madrid, auf Bali und im Sauerland, wo eine deutschstämmige Terrorgruppe ausgehoben wurde. Deutsche Truppen stehen seit 2002 in Afghanistan, wo sie zunehmend attackiert werden.

Merkel hat auf diesem Feld die Politik ihres Vorgängers Gerhard Schröder fortgesetzt: deutsche Soldaten in Afghanistan, keine deutschen Soldaten im Irak. Im Inneren wurden die Sicherheitsgesetze weiter verschärft. Merkel überließ das weitgehend ihrem Innenminister, Wolfgang Schäuble, CDU, und ihrer Justizministerin, Brigitte Zypries, SPD. Die Folgen des Jahres 2001 für die deutsche Politik sollen hier deshalb nur am Rande betrachtet werden und nur soweit, wie sie Erkenntnisse über das Wesen der Bundeskanzlerin erlauben.

Die Schicksalsjahre 2003 und 2008 und deren Folgen zeigen Merkel stärker als Akteurin, zunächst als Reformpolitikerin, dann als Krisenkanzlerin. Schauen wir in diesem Kapitel auf die Folgen von 2003 für Angela Merkel. Es ist die Geschichte einer Selbstauflösung.

Die New Economy, die Zeit der großen Hoffnungen auf Geschäfte im Internet, hat zur Jahrtausendwende weltweit für einen Aufschwung gesorgt, auch in der Bundesrepublik. Es war eine Zeit eines Optimismus, der auch andere Wirtschaftszweige beflügelt hat. Deutschland ging es gut. Bundeskanzler Gerhard Schröder posierte im teuren Mantel von Brioni und plauderte bei »Wetten dass«. Merkel, damals Oppositionsführerin, las über den Kondratieff-Zyklus. Nach der Theorie des Ökonomen Nicolai Kondratieff kommt es alle 30 Jahre zu großen technologischen Entdeckungen, die der Wirtschaft einen langen Boom bescheren. Ist das Internet eine solche Entdeckung?, fragte sich nicht nur Angela Merkel. Steht ein neuer Daueraufschwung bevor, ein neuer Wohlstandssprung? Doch 2002 platzte dieser Traum. Hinter dem Aktien-Hype der New Economy steckten große Hoffnungen, aber keine realen Werte. Eine Menge Leute verloren viel Geld, eine Menge Unternehmen gingen baden. Es brach wieder Pessimismus aus, das Wachstum ging zurück, die Arbeitslosigkeit stieg.

Schröder reagierte darauf im März 2003 mit der

Agenda 2010, einem Programm, das die Sozialsysteme reformieren sollte. Die Arbeitslosenhilfe wurde abgeschafft und durch Hartz IV ersetzt. Seitdem kann ein Arbeitsloser ziemlich rasch auf das Einkommensniveau der Sozialhilfe rutschen. Die Arbeitsvermittlung wurde reformiert, die Zeit- und Leiharbeit erleichtert. Ein Ziel war, die Lohnnebenkosten zu senken, da sie die deutschen Unternehmen im internationalen Wettbewerb belasten. Ein anderes Ziel war, mehr Bewegung in den Arbeitsmarkt zu bringen. Die Hürden für Beschäftigung sollten sinken, die Arbeitslosen ermuntert werden, rasch einen neuen Job zu suchen. Eine umfassende Reform der Sozialsysteme war dies aber nicht. Renten- und Pflegeversicherung blieben weitgehend unangetastet, im Bereich Gesundheit beschied man sich mit Stückwerk. Doch diese Agenda, eine halbe Sache nur, hat Deutschland grundlegend verändert, und viel von dem, was in der deutschen Politik seither passiert ist, hat mit der Agenda 2010 zu tun.

Kaum ein politisches Jahr in der Bundesrepublik erlebte so viel Hysterie wie 2003. Große Teile der SPD waren entsetzt von Schröders Vorstoß. Der Weg zu den Gesetzen wurde zur parteiinternen Schlacht. Es gab nur wenige Genossen, die das Reformprogramm überzeugt mittrugen. Es gab offene Rebellion, und es gab ein großes Murren fast überall. Begleitet wurde die Schlacht von einem neoliberalen Triumphalismus. Die Nebenregierung unter Hans-Olaf Henkel brüllte ins Land, es sei nun Zeit für einen neuen Menschen: stark, selbständig, aktiv, rastlos, ein Athlet des Alltags. Es könne diesen Menschen geben, wenn der Staat seinen Bürgern die Fesseln nehme. Der Staat galt Henkel und seinen Jüngern als böse, als fett, träge und dumm. Er belaste seine Bürger mit tausend Regeln und lähme so ihren Antriebsgeist. Befreit den Menschen vom Staat, dann geht es aufwärts, das war die Devise. Deregulierung hieß das Zauberwort. Diese Nebenregierung war keine Hilfe für Schröders Reformpolitik, ihre aggressiven Debattenbeiträge vergifteten das Klima im Land. Sie sorgten dafür, dass im Wort Reform immer das Wort neoliberal mitschwang, und da kaum einer genau wusste, was neoliberal ist, versah man es mit dem Synonym böse. Für einen größeren Teil der Bevölkerung waren Reformen böse, egal ob sie den Sozialstaat abbauten oder umbauten oder sonst wie wirkten. Die Leute gingen auf die Straße, sie demonstrierten gegen Schröders Reformen, die so böse nicht waren, aber das spielte keine Rolle mehr. Die Straße demonstrierte in Wahrheit gegen die Talkshow, gegen die Angst vor einer neoliberalen Revolution. Die Debatte hatte sich von der Politik entkoppelt, wirkte aber auf die Politik zurück.

Angela Merkel sah sich das eine Weile an, dann fasste sie einen Entschluss. Sie war bis dahin ohne Kontur geblieben. Sie hatte sich bedeckt gehalten, in der Schwebe, sich nicht festgelegt, nicht groß gezeigt – das Muster ihrer DDR-Existenz. Aber dazu gehört auch das Warten auf den großen Moment. Wer sich so lange zurückhalten muss, in dem wächst der Traum von einer triumphalen Selbstoffenbarung. Der Verborgene ersehnt das Licht, ersehnt seine große Stunde. Merkel hatte im November 1989 nicht lange gewartet, sondern ist bald in die Politik gegangen, erst zum Demokratischen Aufbruch, einer Neugründung der DDR, dann zur CDU. Sie wurde stellvertretende Sprecherin der Regierung von Lothar de Maiziere, wurde Ministerin unter Helmut Kohl und so weiter. Eine Karriere aus dem Nichts, aus der Stille heraus. Sie hängte alle Regimekritiker, alle Revolutionäre ab, alle, die sich vorher gezeigt, verkämpft hatten.

Auch den Artikel in der *Frankfurter Allgemeinen Zeitung*, der den Bruch mit Kohl markierte und ihr den Parteivorsitz eintrug, hatte sie aus der Unauffälligkeit heraus geschrieben. Als Parteivorsitzende blieb sie bis zum Herbst 2003 blass. Dann machte sie den nächsten Überfall. Am 1. Oktober hielt sie eine Rede im Deutschen Historischen Museum in Berlin, und diese Rede war ihre Geburt als Reformerin. Sie hatte gerade den Bericht einer Parteikommission unter Vorsitz des ehemaligen Bundespräsidenten Roman Herzog bekommen. Deren Vorschläge machte sie sich zum allergrößten Teil zu eigen.

Ihre Rede stand unter der Überschrift »Quo vadis Deutschland?«. Zentraler Begriff war, man glaubt es heute kaum: »Freiheit«. Sie sagte: »Damit Solidarität und Gerechtigkeit wieder gelebt werden können, muss die Freiheit in unserer Wertehierarchie wieder deutlich von unten nach oben kommen. Denn ohne Freiheit ist alles nichts.«

Sie schlug vor, das Gesundheitssystem komplett umzugestalten, keine solidarische Versicherung mehr, sondern eine sogenannte Gesundheits-Prämie, jeder zahlt für sich selbst.

Sie schlug vor, die Pflegeversicherung auf ein individuelles Kapitaldeckungsverfahren umzustellen.

Für den Arbeitsmarkt forderte sie »betriebliche Bündnisse für Arbeit, Leiharbeit, Teilzeitarbeit, befristete Arbeitsverhältnisse, flexibler Kündigungsschutz, mehr und länger arbeiten«.

Zum Staat sagte sie: Er »muss sich zurücknehmen, zugunsten von mehr Freiraum und mehr Eigenverantwortung der Menschen. Denn wirklich stark bleiben kann der Staat nur, wenn er nicht allein auf Zwang und Kontrolle setzt.«

Nach dieser Rede galt sie als Radikalreformerin. Die einen unterstellten ihr »soziale Kälte«, die anderen feierten sie dafür. Ich sah sie wenige Tage danach bei einer Rede vor dem Wirtschaftsrat ihrer Partei in Hamburg. Sie war munter, gelöst, gelassen. Sie war eine neue Angela Merkel, eine Angekommene. Sie erntete dicken Applaus, und ihr Gastgeber sagte: »Wir stimmen Ihnen hundertprozentig zu.«

Im Dezember 2003 drückte sie dieses Programm auf dem Parteitag der CDU in Leipzig durch. Sie hatte sich nun eine Kontur gegeben, sie wollte Radikalreformerin werden. Damals kam der Vorwurf der sozialen Kälte auf. Es wurden aber auch Zweifel laut, ob sie das wirklich so meine, wirklich so sehe oder nur dem Zeitgeist folge. Ich habe das Angela Merkel immer mal wieder gefragt: Kommt dieses Programm aus tiefster Überzeugung? Es ist eigentlich eine naive Frage. Man muss bei solchen Fragen keine großen Hoffnungen auf eine ehrliche Antwort haben, bei keinem Politiker. Niemand offenbart das, was wirklich in ihm vorgeht, in Reinform. Es ist immer ein Schuss Nutzenkalkül dabei, mal mehr, mal weniger: Womit stehe ich gut da? Angela Merkel hat naturgemäß stets versichert, dass dieses Programm aus tiefster Überzeugung komme. Sie hat mir auf meine Frage erzählt, wie sie die Bundesrepublik in ihren Jahren als Bürgerin der DDR wahrgenommen habe. Ihr Land kam ihr als Hort von Umstandskrämern und Antriebslosen vor, das Land jenseits der Mauer wirkte auf sie wie die Heimat von Tempo und Effizienz. Dann fiel die Mauer, und Angela Merkel, die durchstarten wollte, hatte bald den Eindruck, Umstandskrämerei und Antriebslosigkeit prägten auch das andere Deutschland, nur auf einem anderen Niveau. So wurde ihre Annäherung an die Bundesrepublik eine Geschichte von Enttäuschungen. Die bezog sich aber nicht nur auf die Arbeitnehmer, sondern auch auf Unternehmer und Staat. Bei ihren Auslandsreisen lernte sie zudem Systeme und Menschen kennen, die ihr tüchtiger vorkamen als die Deutschen, vor allem in Asien und Amerika. So wurde »Ertüchtigung« zu einem ihrer meistgebrauchten Worte. Das andere heißt »Angaschmang« und bedeutet Engagement.

Merkel dachte damals nicht so sehr in den deutschen Sozialsystemen, sondern schaute eher von außen darauf, aus einer eher neutralen Position. So kommt man leichter zu einem radikalen Ansatz. Außerdem ist sie auch Kind eines Geschichtsbruchs, und ein Geschichtsbruch gibt einem die Gelegenheit, sich neu zu erfinden. Die alten

Autoritäten und Gewissheiten erscheinen in einem neuen Licht, alles ist in Frage gestellt, man hat die Chance zu tausend Abschieden und Ankünften. Die Stunde null ist zudem eine Zeit größtmöglicher Gleichheit. Alle werden in eine neue Welt gestürzt und können ihren Weg machen oder auch nicht. Angela Merkel spürte die Euphorie der Möglichkeiten, nahm Abschied und stieg auf. Solche Glücksritter der Stunden null neigen dazu, dem Individuum eine Menge zuzutrauen: *Man kann es weit bringen, wenn man nur will. Ich habe es ja auch gekonnt.*

Ich halte es aus diesen Gründen für wahrscheinlich, dass die Radikalreformerin Angela Merkel nicht nur ein PR-Gag war, sondern Angela Merkel selbst, authentisch, wenn auch beflügelt von einem gewissen Zeitgeist. Sie nahm sich damals den Umbau des Sozialstaats vor, in der Hoffnung, Deutschland für den globalen Wettbewerb zu stärken.

Die Partei war Merkel in Leipzig zwar gefolgt, aber nicht aus ganzem Herzen. Es gab viel Widerstand, vor allem in der CSU, die in harten Kämpfen eine Verwässerung der Gesundheitsprämie durchsetzte. Merkels Macht schwand. Sie wollte die Parteibasis gewinnen, indem sie die Gesundheitsprämie auf speziellen Versammlungen erklären ließ. Es wurde aufwendig vorgerechnet, wer wie viel zahlen müsse, ein Tumult der Zahlen, undurchschaubar, bizarr. Das Publikum zeigte sich skeptisch und dem alten Sozialsystem eng verbunden. Der neoliberale Zeitgeist war eine Sache von Talkshows, Zeitungsspalten und Büchern gewesen. Das Volk machte nicht mit.

Das Volk wählte im Frühjahr 2005 die rot-grüne Regierung von Nordrhein-Westfalen aus dem Amt. Das lag vor allem an der Agenda 2010, Ministerpräsident Peer Steinbrück zählte zum Reformflügel der SPD, galt als enger Verbündeter des Bundeskanzlers. Das Wahlergebnis war ein Schock, nach 25 Jahren verlor die SPD die Macht in einem Bundesland, das als Heimat der Sozialdemokratie galt, für immer rot. Ministerpräsident wurde Jürgen Rüttgers von der CDU, ein Mann mit sozialem Anstrich. Gerhard Schröder gab daraufhin bekannt, dass er Neuwahlen anstrebe. Der Wahlschock mischte sich bei ihm mit Überdruss. Seit März 2003 wurde er unablässig von der eigenen Partei angefeindet, zuletzt besonders stark von Landespolitikern wie Andrea Ypsilanti in Hessen.

Favoritin dieser Neuwahlen war Angela Merkel, in den Umfragen lag die Union meist über 40 Prozent. Den Wahlkampf bestritt sie mit einem nicht mehr ganz so radikalen Programm, blieb aber Reformerin. Sie kündigte an, dass sie die Mehrwertsteuer um zwei Prozentpunkte anheben wolle, falls sie gewählt würde. Im Gegenzug würde der Beitrag zur Arbeitslosenversicherung gesenkt. Es waren freudlose Veranstaltungen, Merkels Sätze zogen vorüber wie Lastkähne, keine Eleganz, sondern Trägheit, blasse Schwere. Die Zuschauer wurden von Zahlen überschüttet, sie wurden ökonomisch belehrt, für 40 Minuten waren sie Schüler an Merkels freudlosem Abendgymnasium. Etwas knülle von so viel Inhaltlichkeit machten sie sich auf den Heimweg.

Am 18. September gaben 35,2 Prozent der Wähler Angela Merkel ihre Stimme, ein Schock, ein Desaster. Die Agenda 2010 hatte Gerhard Schröder das Amt gekostet, Peer Steinbrück das Amt gekostet. Merkel wurde Kanzlerin, aber sie wurde anders Kanzlerin, als sie gedacht hatte. Sie gelangte nur knapp in dieses Amt, und sie wurde die Kanzlerin einer Großen Koalition aus Union und SPD. Das heißt, sie konnte wieder einmal keine Sicherheit finden. Ihre Kanzlerschaft würde vom ersten Tag an umstritten sein. Sie hatte die starken Ministerpräsidenten der Union im Nacken und die SPD, die alles tun würde, um Merkel das Kanzleramt wieder streitig zu machen. Die Frau, die nirgendwo heimisch werden konnte oder durfte, in der DDR nicht, in der Bundesrepublik nicht, in der Union nicht, sollte auch im Kanzleramt keine Heimat finden dürfen. Kaum Kanzlerin geworden, musste sie ihr Amt schon wieder verteidigen, als Erstes gegen die Ministerpräsidenten, die ihr schwaches Wahlergebnis nutzten, um sich selbst zu profilieren, Jürgen Rüttgers als Vertreter des sozialen Flügels, Roland Koch und Günther Oettinger als Vertreter des Wirtschaftsflügels, Edmund Stoiber als Vertreter eines eigenständigen Bayern. Im Spätsommer 2006, nach knapp einem Jahr Kanzlerschaft Merkel, wurde im Regierungsviertel schon darüber spekuliert, wann sie stürzen würde. Aber sie stürzte nicht. Auf dem Parteitag im Herbst 2006 in Dresden wurden ihre Gegner mit schlechten Wahlergebnissen abgestraft, Merkel dagegen kam gut davon. Sie setzte sich für Anträge ein, die sowohl den Wirtschafts- als auch den Sozialflügel beruhigten. Damit war der parteiinterne Machtkampf beendet, Merkel gewann ein Stück Sicherheit. Aber da war noch die SPD, und da war ein Volk, das anders war, als Angela Merkel gehofft hatte.

Das deutsche Gemüt hat sich durch die Agenda 2010 verändert. Es hat sich so sehr verändert, dass die Erfolge dieser Reformen nicht für eine gute Stimmung sorgen konnten. In den ersten Jahren von Merkels Kanzlerschaft wuchs die Wirtschaft kräftig, die Zahl der Arbeitslosen sank auf drei Millionen. Dazu trug der Boom in China bei und ein allgemeiner Aufschwung in der Weltwirtschaft. Aber auch die Agenda wirkte. Der Arbeitsmarkt war jetzt flexibler, Wachstum setzte sich schneller in Beschäftigung um. Die Leiharbeit erlebte einen Boom. Es gab Gründe, optimistisch zu sein, gute Laune zu haben.

Aber es kam nicht so. Das Gegenteil war der Fall. Deutschland versank trotz der schönen Zahlen in Depression. Das wurde so richtig deutlich im Sommer 2007, als einige Umfragen erschienen, die zeigten, dass viele Deutsche mit großen Sorgen in die Zukunft blickten, dass sie große Zweifel hatten, dass es gerecht zugehe in ihrem Land. Umfragen haben immer etwas Zweifelhaftes, aber sie bestimmen die Schlagzeilen und Berichte in den Medien und damit den Eindruck von einer Stimmung, was wiederum die Stimmung selbst beeinflusst. Das heißt, das Zweifelhafte wird zu einer eigenen Realität und damit wirksam für die Politik.

Ein Grund für die damalige Stimmung dürfte eine veränderte Psychologie im Aufschwung sein. In den schlechten Zeiten gibt es eine gewisse Bereitschaft, den Gürtel enger zu schnallen. Im Aufschwung dagegen achtet jeder darauf, ob er auch Teil der guten Nachrichten ist. Es prasseln die Jubelmeldungen auf das Land, und der Bürger fragt sich, ob er selbst so viel Grund zum Jubeln hat wie andere. Und 2007 waren die Zeitungen voller Meldungen, wie sich einige Konzernlenker mit großzügigen Gehältern und Abfindungen bedacht hatten. Zur Symbolfigur dafür wurde Jürgen E. Schrempp, der Daimler-Benz mit dem amerikanischen Autobauer Chrysler vereint hatte und dabei sehr viel Geld verbrannte, ohne dass die beiden Unternehmen zusammenwuchsen. Die ungleichen Partner mussten sich wieder trennen. Trotz dieses Desasters verdiente Schrempp mit Aktienoptionen 50 Millionen Euro. So konnte der Eindruck aufkommen, dass sich eine Managerkaste völlig von der allgemeinen Entwicklung entkoppelt hatte. Sie sichern sich mit Verträgen, die sie von ihren Anwälten aushandeln lassen, gegen alle Wechselfälle ihres Berufslebens ab und gewinnen so eine totale Sicherheit.

Für alle anderen ist die Unsicherheit gewachsen. So keimte selbst bei den Gewinnern des Aufschwungs der Verdacht, in Wahrheit Verlierer zu sein. Viele der neuen Jobs sind im Bereich Zeit- und Leiharbeit entstanden. Dies sind zum großen Teil nicht die guten alten deutschen Jobs mit 14 schönen Monatsgehältern, 30 Tagen Urlaub und einer faktischen Unkündbarkeit nach ein paar Jahren. Es sind Jobs, die einen nicht von dem Gefühl befreien, in prekären Verhältnissen zu leben. Die den Amerikanern vertraute hohe Flexibilität wird nun auch den Deutschen abverlangt. Das Wortpaar Stellung und unkündbar zieht sich immer weiter aus dem deutschen Alltag zurück. Und nach Vertragsende oder einer Entlassung wartet eben nicht mehr bis zu drei Jahre Arbeitslosengeld, also ein leidlich gutes Auskommen. Die Jüngeren stürzen nach einem Jahr in die Welt von Hartz IV. Auch das nimmt das Gefühl von Sicherheit. Das heißt nicht, dass die Reformen falsch waren. Tatsächlich hatte es eine allzu komfortable Absicherung gegeben, mit einer zu hohen Belastung durch Sozialbeiträge für Arbeitnehmer und Arbeitgeber. Es war das Richtige passiert, aber es ging eben nicht spurlos am Gemüt der Deutschen vorbei. 2007 wurde zu dem Jahr, in dem die psychologischen Folgen von Schröders Agenda 2010 durchschlugen. Die Reformen erreichten das Lebensgefühl, eine nervöse Gesellschaft bildete sich heraus.

Deutschland spürte zudem die Folgen der internationalen Vernetzung wie noch in keinem anderen Jahr. Mitte 2007 erfuhren die Verbraucher, dass die Milch teurer werden kann, weil Chinas Milchdurst gewachsen ist. Die Brot- und Milchpreise stiegen ebenfalls, der Ölpreis nahm Kurs auf die 100 Dollar pro Barrel. 2008 stieg er bis auf 147 Dollar, der Liter Benzin kostete im Juli 2008 1,60 Euro. Die Deutschen spürten, dass ein jeder Weltbürger ist, nicht nur durch Gesinnung wie früher, sondern durch bloße Existenz. Und Weltbürger heißt neuerdings, in vielfältiger Konkurrenz zu den Bürgern anderer Staaten zu stehen: Konkurrenz um Rohstoffe, um Arbeitsplätze, um Klimaschädigungsrechte, um Patentrechte. Keiner weiß, wie Deutschland gegenüber aufstrebenden Nationen wie China oder Indien abschneiden wird. Die beeindrucken durch rasantes Wachstum, neun, zehn, elf Prozent, wenn auch auf deutlich niedrigerem Niveau. Es gibt also durchaus Gründe, besorgt zu sein, und im Besorgtsein sind die Deutschen nun einmal besonders gut.

So hatte es Merkel mit einem Volk zu tun, das sich gar nicht zukunftsfreudig zeigte, eher reformmüde, und das Schluss machen wollte mit den Ungerechtigkeiten. Dazu gehört, dass die Schere zwischen den Einkommen aus Arbeitnehmertätigkeit und den Einkommen aus Vermögen und Selbständigkeit in den vergangenen Jahren weiter auseinandergegangen ist. In Deutschland wachsen Unter- und Oberschicht, die Mittelschicht schrumpft. Und wer einmal unten ist, der kommt nicht mehr nach oben. Das hat zum Beispiel die Pisa-Studie gezeigt. Kinder armer Eltern werden in Deutschland höchstwahrscheinlich keine gute Ausbildung machen, damit nicht an gute Jobs kommen und nicht die Unterschicht verlassen können. Armut wird vererbbar. Das ist eine himmelschreiende Ungerechtigkeit.

Aus all dem gewannen die meisten Politiker den Eindruck: Das Volk will keine weiteren Reformen, es will eher alte Sicherheiten zurück. Und dieser Eindruck traf auf eine Bundeskanzlerin, die einmal angetreten war, den Sozialstaat radikal umzubauen.

Das Bild von den Deutschen, die Angela Merkel regiert hat, ist nicht vollständig ohne Oskar Lafontaine. Denn der gab der Unzufriedenheit eine Stimme. Oder er schürte die Unzufriedenheit, der er dann eine Stimme geben konnte. Das ist in einer Mediendemokratie meist nicht genau zu unterscheiden. Jedenfalls trat Oskar Lafontaine, der ehemalige Parteivorsitzende der SPD, der ehemalige Finanzminister von Gerhard Schröder, der komplett gescheiterte Politiker, wieder auf die politische Bühne, und das mit großer Wucht.

Das entscheidende Datum für seinen Aufstieg war der 16. Juni 2007, als sich die ostdeutsch geprägte Linkspartei, eine Nachfolgerin der SED, mit der mehrheitlich westdeutschen WASG vereinigte. Die WASG ist eine unmittelbare Folge der Agenda 2010, ein Sammelbecken jener westdeutschen Linken, die Schröders Reformkurs unerträglich fanden, vor allem Gewerkschafter, die der SPD frustriert den Rücken gekehrt hatten. Die neue Partei gab sich den anmaßenden Namen »Die Linke«.

Beide Parteien hatten allein keine größere Bedeutung, die WASG galt als chancenlose Splittergruppe, die Linkspartei, die auch schon mal PDS hieß, galt als Relikt der DDR, das mit verblassender Erinnerung an den dahingestorbenen Staat verschwinden würde. Doch durch die Fusion entstand eine gesamtdeutsche Partei, die aus dem Osten Mitgliedermasse und Parteiapparat mitbrachte und aus dem Westen Oskar Lafontaine, der sofort mit demagogischer Kraft das linke Spielfeld besetzte. Umfragen trauten der neuen Partei auf Anhieb ein Potential von bis zu 14 Prozent zu. Plötzlich gab es eine fünfte Kraft im deutschen Parteiensystem, eine fünfte Kraft mit Zukunft.

Und diese fünfte Kraft hat Angela Merkels Kanzlerschaft in den ersten zweieinhalb Jahren geprägt wie nichts anderes. Auch wenn es nicht so aussah, aber weite Teile ihrer ersten Legislaturperiode waren ein Duell mit Lafontaine. Sie hat ihn öffentlich ignoriert, aber sie hat intern erzählt, wie ernst sie ihn nimmt. Seine linken Flötereien könnten auch einen Teil der Wählerschaft von CDU und CSU ansprechen. Zudem hat Lafontaine ihren Koalitionspartner, die SPD, in den Wahnsinn getrieben.

Die Sozialdemokraten erlebten zum dritten Mal, dass sich aus ihrem Fleische eine neue Partei bildet, sobald sie regieren oder einer Regierung nahekommen. Im Jahr 1917 spaltete sich die USDP ab, weil die SPD wegen des Krieges einen Burgfrieden mit der kaiserlichen Regierung geschlossen hatte. 1980 gründeten sich die Grünen, weil die SPD unter Helmut Schmidts pragmatischer Kanzlerschaft ökologische und pazifistische Bewegungen in der Gesellschaft nicht aufsaugen konnte. 2007 gründete sich Die Linke, weil Gerhard Schröders Reformkurs einen Teil der westdeutschen Linken heimatlos gemacht hat. Die Sozialdemokraten stürzten diese Schismen jeweils in ein Gefühlschaos. Da ist einerseits der Zorn gegenüber den Abtrünnigen, der Vorwurf des Verrats, des Sich-davon-Machens in schwierigen Zeiten, Zeiten der Verantwortung für das große Ganze. Da ist aber auch das Gefühl, dass die Abtrünnigen in Wahrheit die echte sozialdemokratische Politik machen, sich pures Linkssein trauen, kompromisslos, volksnah. Das fördert die Sehnsucht nach Anpassung, nach Zusammenarbeit, letzten Endes nach Fusion.

In dieser Zerrissenheit hat sich die SPD chaotisiert. Lafontaine schürte das Chaos, indem er sich konsequent als besserer Sozialdemokrat gerierte. Er hängte sich ein Bild von Willy Brandt in sein Büro, und das sagte nichts anderes als: Seht her, hier sitzt der wahre Nachfolger des größten Sozialdemokraten der Bundesrepublik. Die SPD sah zunächst hilflos zu, wie Lafontaine täglich neue Sicherheitsversprechen abgab, die den Staat in den Ruin treiben würden, müssten sie bezahlt werden. Aber Oppositionsprogramme müssen nicht bezahlt werden, sie sind Phantasieprodukte. Die Sozialdemokraten konnten nicht gleichermaßen hemmungslos mit eigenen Phantasien antworten, weil sie Regierungspartei sind. Aber sie konnten das auch nicht so stehenlassen. Sie mussten eine Antwort auf Lafontaine finden. Sie fanden diese Antwort, indem sie sich selbst ein Stück lafontainisierten. Sie wanderten nach links, sie forderten von der Bundeskanzlerin eine Politik, die auf die Stimmung in der Bevölkerung einging.

Also hatte die Angela Merkel von Leipzig 2003 drei Gegner, die aufeinander Bezug nahmen: die SPD, Oskar Lafontaine und eine angenommene Stimmung in der Bevölkerung. Dazu kamen Teile ihrer Partei, die mit Leipzig nicht einverstanden waren. Das Ziel dieses nicht ausgesprochenen Bündnisses war, der Agenda 2010 Härten zu nehmen, anders gesagt: Man wollte Angela Merkel dazu bringen, die Uhr vor das Jahr 2003 zurückzudrehen, es in Teilen auszulöschen.

Im Jahr 2005 hätte ich gedacht, dass das unmöglich

sei mit ihr. Angela Merkel wollte die Agenda fortsetzen, wollte die Reformen, die Schröder versäumt hatte, nachholen. Es gab noch genug zu tun, der Sozialstaat war noch nicht so krisenfest, wie er sein musste. Die Systeme von Rente, Pflege und Gesundheit mussten noch in Ordnung gebracht werden. Die Zeiten dafür waren eigentlich günstig. Der Aufschwung schaffte Spielräume für neue Reformen. Zwar gab es das Gefühl von Ungerechtigkeit in der Bevölkerung, aber es wäre Aufgabe der Politik gewesen, den Leuten zu vermitteln, dass die Agenda 2010 erfolgreich war, dass sie etwas gebracht hat für die Arbeitslosen. Meine Hoffnung war auch, dass es eine andere Reformendebatte geben könne, ohne die neoliberalen Wortexzesse, die 2003 das Klima vergiftet hatten.

Und tatsächlich gab es bald die erste Reform, allerdings weitgehend ohne Debatte. Arbeitsminister Franz Müntefering setzte überfallartig das Rentenalter auf 67 Jahre hinauf. Die SPD war zu verblüfft, um das verhindern zu können. Lafontaine spielte noch nicht die große Rolle, die Deutschen waren noch verliebt in ihre Kanzlerin auf Auslandstour. Es war ein rasanter Start, aber es war fast auch schon das Ende. Eine so klare, so durchgreifende Reform ist der Großen Koalition nicht mehr geglückt. Es folgte der Kompromiss zum Gesundheitsfonds, ein Ungetüm, das niemand durchschauen kann und dessen Nutzen höchst zweifelhaft ist. Merkel hat es persönlich mitgestaltet, als oberste Ingenieurin für die kleinsten Schrauben. Das hat es nicht besser gemacht. Es sah in dieser Zeit so aus, als würde sie ihre Aufgaben als Bundeskanzlerin verkennen. Sie beeindruckte mit der Kenntnis von Zahlen und Steuerungswirkungen, aber nicht mit Richtlinien. Das Kanzlerhafte, das sie im Ausland so gut präsentieren konnte, schien ihr im Inneren verlorenzugehen.

Dann gab es ein neues Problem. Im Mai 2006 war Kurt Beck Vorsitzender der SPD geworden. Er geriet schnell in Schwierigkeiten, weil er sich nicht besonders geschickt verhielt, und er hatte einen starken Konkurrenten, der sich aufführte wie ein heimlicher Parteivorsitzender, obwohl er als Parteivorsitzender gescheitert war: Franz Müntefering, Arbeitsminister und Vizekanzler. Müntefering hatte sich vom Parteisoldaten zum Großkoalitionär verwandelt. Er hatte 2003 eingesehen, dass Reformen nötig sind, und er hatte sich vorgenommen, die versäumten Reformen mit Angela Merkel nachzuholen, über Parteiinteressen hinweg. Zunächst arbeitete dieses Duo eng zusammen, Merkel äußerte sich angetan über Müntefering, Müntefering sagte über das Verhältnis zu Merkel: »Korrekt im Umgang miteinander, ein Stück Sympathie darin, sachlich in jedweder Weise, nicht kumpelhaft, formale Distanz – ein Verhältnis, wie man es auch in einer guten Firma hat.« Für einen wie Müntefering, der mal geschwiegen hat, als ihm sein Kanzler Schröder einen Freundschaftsantrag gemacht hatte, ist das fast eine Liebeserklärung.

Die Rente mit 67 hatten Müntefering und Merkel gemeinsam durchgezogen, zum Verdruss von großen Teilen der SPD, auch von Kurt Beck. Er und Müntefering waren sich in vielen Punkten uneins, ihr Zerwürfnis ging so weit, dass die Machtfrage im Raum stand. Beck hat das verstanden, und er hat sie beantwortet. Seine Waffe wurde das Arbeitslosengeld I. Die Agenda 2010 hat den Bezug dieser Leistung, von der man halbwegs anständig leben kann, auf ein Jahr gekürzt, für ältere Arbeitnehmer auf anderthalb Jahre. Danach kommt das karge Leben mit Hartz IV. Aber die Maßnahme hat gewirkt. Sie hat dafür gesorgt, dass überproportional viele ältere Arbeitnehmer eingestellt wurden.

Beck schlägt vor, den Bezug für ältere Arbeitnehmer auf zwei Jahre zu verlängern, und stellt sich damit offen gegen Müntefering, der an der Agenda 2010 festhalten will. Es ist eine geschickte Attacke des Mannes, der sich später, nach seinem Rücktritt, darüber beklagen wird, dass in Berlin die Sitten eines Wolfsrudels herrschten. Er nimmt die Stimmung in der Bevölkerung auf, er nimmt die Stimmung in der SPD auf, die sich gegen Oskar Lafontaine profilieren will, und so gerüstet kann er gar nicht verlieren gegen Müntefering. Er verliert auch nicht. Ein Parteitag segnet ihm den Plan ab. Der Machtkampf gegen Müntefering ist entschieden.

Und was macht Merkel? Merkel stimmt zu. Die große Verbalreformerin nimmt eine Reform zurück.

Einen dramatischeren Wandel hat es in der Bundespolitik selten gegeben. Angela Merkel frisst sich selbst. Sie, die weiß, wie schwer es war, diese sinnvolle Reform durchzusetzen, schafft diese Reform mit einem Federstrich ab. Sie wehrt sich nicht mit einem Wort. Sie nimmt es hin. Sie hatte schon auf dem Parteitag in Dresden einem ähnlichen Antrag von Jürgen Rüttgers zugestimmt, aber da dachte sie noch, dass sei nur ein Papier, dass niemals Regierungspolitik werden könne, einer dieser ungezählten Anträge fürs Archiv.

Ich habe sie das gefragt, bei einem Mittagessen. Warum? Warum ausgerechnet sie? Wir saßen in einer Art Lounge im Kanzleramt, drei Journalisten, Regierungssprecher Wilhelm und sie. Es gibt einen langen Esstisch, und es gibt eine Sitzecke vor einer Schrankwand, in der ein paar Bücher stehen, auf eine sehr ausgesuchte Art dort stehen, mehr platziert als hingestellt. Ikea präsentiert so seine Wohnzimmer. Dort saßen wir und aßen. Erst war es ein nettes Gespräch, dann änderte sich Merkels Ton.

Der *Spiegel* hatte mehrmals kritisch über den Kurswechsel der Kanzlerin berichtet. Sie habe ihre Kontur verloren. Merkel begann nun so: »Dazu will ich Ihnen mal was sagen.« Es war so ein Moment, in dem sie aus ihrer Starre herauskommt. Sie gab eine lange Antwort, zehn Minuten, es war fast ein Vortrag, ruhig erst, dann geradezu aufgewühlt. Sie sagte, dass sie die Bücher der Reformeuphoriker auch schreiben könne. Sie wisse, was zu tun sei. Aber sie regiere nun einmal in einer Großen Koalition mit der SPD, und dann beschrieb sie, wie schwierig das sei. Strikter Hintergrund, kein Wort dazu ist hier möglich, aber das Interessantere war auch ihre Stimmung, diese Erregung, Aufwühlung. Merkel regiert mit einer Fassade des Gleichmuts, der Ungerührtheit, es gibt da kein Fenster zu ihrem Inneren. Sie zeigt ständig dieses Alles-ist-in-Ordnung-Gesicht, sagt diese Alles-ist-in-Ordnung-Sätze. Diese zehn Minuten Ausbruch vor dem Ikea-Ambiente zeigten, dass die Bundeskanzlerin nicht alles in Ordnung findet, was sie zu verantworten hat, diese zehn Minuten gaben einen Hinweis darauf, dass Leipzig 2003 ernst gemeint war, nicht nur eine Masche, wie nun häufig vermutet wurde.

Ich kann nicht behaupten, dass mich dieses Gespräch unbeeindruckt gelassen hat, obwohl von mir in meiner Rolle als Journalist Unbeeindruckbarkeit erwartet wird, eine permanente Coolness, ein kühler, wenn nicht kalter Blick auf die Dinge. Im Prinzip ist das eine richtige Forderung, wir müssen strenge Kritiker unserer Politiker sein. Aber dabei geht uns manchmal der Blick für Machbarkeiten verloren, wir neigen zur Maximalforderung. Herfried Münkler, Politologe an der Humboldt-Universität hat dazu im Oktober 2007 in der *Zeit* einen interessanten Aufsatz geschrieben. Er schilderte das Verhältnis von Maximum und Optimum am Beispiel von Politik und Politikwissenschaft. Auf den Journalismus bezogen könnte man sagen, dass wir Politik zu stark an einem vorgestellten Maximum messen. Auch deshalb schneiden Politiker in den Medien so schlecht ab. Fairer wäre, ein Optimum zu definieren und zum Maßstab zu machen. Nach dem Mittagessen, beim Abschied, habe ich Merkel den Aufsatz von Münkler empfohlen.

Der Maßstab für dieses Buch soll das Optimum sein, nicht das Maximum.

Es ist völlig klar, dass in einer Großen Koalition ein Maximum an Merkel nicht möglich ist. Aber das Bündnis erreichte als Reformregierung auch sein Optimum nicht. Woran lag das?

Zunächst wurde erwartet, dass die Große Koalition eine Menge erreichen kann. Sie hat eine breite Mehrheit, sie startete mit einer Vielzahl starker, pragmatischer Politiker: Kanzlerin Merkel, Vizekanzler und Arbeitsminister Müntefering, Finanzminister Peer Steinbrück, Innenminister Wolfgang Schäuble, Außenminister Frank-Walter Steinmeier, Umweltminister Sigmar Gabriel, Familienministerin Ursula von der Leyen. Die beiden Fraktionsvorsitzenden im Bundestag, Peter Struck von der SPD und Volker Kauder von der CDU, fanden rasch einen guten Draht zueinander. Aber sie alle, als Gemeinschaft, haben die Erwartungen nicht erfüllt. Sie blieben weit dahinter zurück.

Dabei hieß es bald, im Kabinett Merkel herrsche eine gute Stimmung, anders als bei Schröder. Bei Schröder herrschte eine strenge Hierarchie. Eigentlich zählten nur drei Kabinettsmitglieder: Schröder, Außenminister Joschka Fischer und Innenminister Otto Schily. Die redeten miteinander, Fischer und Schily vor allem gegeneinander. Besonders die Frauen am Tisch hatten nichts zu melden. Gerade die Frauen, die vom Kabinett Schröder ins Kabinett Merkel gewechselt hatten, zeigten sich bald angetan. Gesundheitsministerin Ulla Schmidt, Justizministerin Brigitte Zypries und Entwicklungshilfeministerin Heidemarie Wieczorek-Zeul waren noch nie so gut von einem Kanzler behandelt worden, noch nie so oft zu Wort gekommen. Müntefering hat berichtet, die Kanzlerin lasse diskutieren und höre zu. Das Gespräch sei »sehr auf die Sache bezogen. Alle sind bemüht, sich nicht parteipolitisch kleinlich zu positionieren.«

Das klang gut, aber die Öffentlichkeit erlebte etwas komplett anderes. CDU, CSU und SPD fielen alsbald übereinander her, als stünden sie sich noch als Opposition und Regierung gegenüber. Dass sie sich zur Bruderschaft auf Zeit entschlossen hatten, machte den Streit noch hässlicher. Die Berliner Luft hatte einen grünlichen Schimmer, so viel Gift wurde im Regierungsviertel versprüht. Merkel wollte sich nicht darüber aufregen. Sie erzählte, dass auch in der schwarz-gelben Koalition unter Kohl die Fetzen geflogen seien. Sie war damals erst Jugend-, dann Umweltministerin.

Allerdings gibt es einen grundsätzlichen Unterschied zwischen einer Kleinen und einer Großen Koalition. Eine Kleine Koalition ist im Prinzip auf Ewigkeit angelegt. Man möchte in der Regel auch die kommende Wahl miteinander überstehen, und nur bei einem schweren Zerwürfnis wird ein Wechsel angestrebt. So war das 1966 und 1982, als die FDP aus Kleinen Koalitionen ausstieg. Eine Große Koalition startet mit dem Anspruch, dass sie überwunden werden muss. Eine so breite Mehrheit gilt schon demokratietheoretisch als nicht ganz geheuer. Und Union und SPD haben über Jahrzehnte ihre Gegnerschaft so kultiviert, dass sie nur miteinander regieren möchten, wenn es gar nicht anders geht. So hat man vom Start weg an der eigenen Abschaffung gearbeitet, erst insgeheim, dann offen.

Zudem war das Wahlergebnis so knapp, dass sich die SPD mit der Union auf Augenhöhe fühlte. Das heißt auch, dass man sich nicht damit abfinden konnte, dass Merkel Kanzlerin geworden ist. Es wurde dagegen eine eigene Pseudo-Kanzlerschaft gestellt, verkörpert durch den Vizekanzler. Müntefering hat diese Rolle pragmatisch ausgefüllt. Er kam zunächst gut mit Merkel klar, ihm waren Statusfragen nach einem so langen Politikerleben nicht mehr so wichtig, und er wollte den Erfolg dieser Koalition, von der er dachte, dass sie sein letzter politischer Auftrag sein würde. Mit der Achse Merkel-Müntefering funktionierte die Große Koalition noch leidlich gut. Doch im November 2007 trat er zurück, weil er seine todkranke Frau pflegen wollte.

Sein Nachfolger als Vizekanzler, Außenminister Frank-Walter Steinmeier, sah seine Rolle ganz anders. Er machte sich Hoffnungen auf die Kanzlerkandidatur der SPD, die er später auch bekam, weshalb mit ihm der Aspekt Pseudo-Kanzlerschaft noch stärker wurde. Es gibt viel Spin-Doktorei in Berlin, jeder Spitzenpolitiker spielt dieses Spiel und hält sich ein, zwei Experten dafür. Niemand hat dies in der Großen Koalition so intensiv betrieben wie das Lager von Steinmeier. Von dort kam eine wahre Flut von Sticheleien gegen Merkel, ständig wurde bis ins Kleinste ausbuchstabiert, wo sie sich hat außenpolitisch korrigieren müssen, wo sie falschgelegen haben soll und wie sie Steinmeier angeblich wieder die Schau gestohlen hat. Es war eine Orgie der Kleinlichkeiten, und Steinmeier war selbst daran beteiligt. Als er im September 2008 mit Merkel beim deutsch-russischen Gipfel in St. Petersburg war, durfte er nicht am Tisch von Präsident Medwedew sitzen, anders als die Bundeskanzlerin. Hinterher kochte Steinmeier. »Da hat sich das Protokoll vom Kanzleramt durchgesetzt«, schnaubte er, »mit welchen Mitteln auch immer.« Nun sind Merkel und ihren Leuten durchaus Nickeligkeiten zuzutrauen, aber so ein Denken in Sitzordnungen ist dann doch sehr kleines Karo. Und Steinmeier war in dieser Situation nun mal Außenminister und nicht Bundeskanzler. Kann sich ja noch ändern. Jedenfalls ist viel Aufgeblasenes in dieser Pseudo-Kanzlerschaft, und diese Rivalität von Außenminister und Kanzlerin hat der deutschen Außenpolitik nicht gutgetan. Es gelang den beiden nicht, in einer der wichtigsten Fragen unserer Zeit eine einheitliche Meinung zu vertreten: Wie geht man mit den wirtschaftlich erfolgreichen Diktaturen um? Der Besuch des Dalai Lamas im Kanzleramt hat zu einem offenen Zerwürfnis geführt. Steinmeier ging so weit, der Bundeskanzlerin offen »Schaufensterpolitik« vorzuwerfen. Das war kein Wort für eine außenpolitische Debatte, sondern ein Wort rüdester Parteipolitik, und so war es auch gemeint. Die Bundesrepublik war blamiert und den Chinesen gegenüber geschwächt.

Dass es auch anders geht, haben Angela Merkel und Finanzminister Peer Steinbrück bewiesen. Steinbrück hat keine Ambitionen auf das Kanzleramt, das heißt, er könnte sich schon vorstellen, ein guter Kanzler zu sein, und andere trauen ihm das ebenso zu, aber er sieht keinen Weg, in seiner Partei an eine Kanzlerkandidatur zu kommen. Er ist der SPD fremd geblieben, hat ähnlich wie Steinmeier keine klassische Parteikarriere gemacht, aber er hat nicht den ausgleichenden, versöhnenden Zug des Außenministers. Steinbrück polarisiert, er ist auf dem wirtschaftsfreundlichen Flügel seiner Partei angesiedelt, und er macht aus seiner Meinung keinen Hehl. Wenn er sich aufregt, wird es laut, wird es heftig.

Für die Große Koalition war es ein Geschenk, dass einer der wichtigsten Minister nicht vor allem parteipolitisch gedacht, sondern sich an einem politischen Ziel orientiert hat. Steinbrück wollte den Bundeshaushalt bis 2011 ausgleichen, und die Kanzlerin wollte das auch. So wurden sie zu einer Achse der Regierung. Sie sprachen sich miteinander ab, nie fiel einer dem anderen in den Rücken, um besser dazustehen, und sie ließen nicht ihre Spin-Doktoren gegen das andere Lager intrigieren. Im Gegenteil, Merkel und Steinbrück lobten einander in den süßesten Tönen. Es wurde einmal nicht mit Gift gearbeitet, und was herauskam, war ein schönes, sauberes Stück Politikarbeit. Bis zum Sommer 2008 wurden die Zwischenziele auf dem Weg zu einem Haushalt ohne Neuverschuldung erreicht. Dabei half die gute Konjunktur, die reichlich Steuern in die Staatskassen spülte. Dass die Haushaltsziele doch nicht erreicht werden, liegt nicht an Merkel und Steinbrück, sondern an der Weltfinanzkrise.

Es geht also. Es geht, wenn der Minister die Führungsrolle der Kanzlerin nicht untergraben will. Es geht, wenn die Kanzlerin dem Minister nicht in die Tagesarbeit hineinregiert. Es geht, wenn Kanzlerin und Minister nicht Parteiziele verfolgen, sondern miteinander ein Staatsziel definieren. Es geht, wenn beide Seiten die Medien nicht mit kleinen Gehässigkeiten füttern, die dann zu großen Schlagzeilen werden. So kann Politik in einer Großen Koalition gelingen.

Merkel und Umweltminister Gabriel haben das zeitweise auch hingekriegt. Aber das reichte nicht für eine einträchtige Regierung. Zwar herrschte im Kabinett fast durchweg ein freundlicher Ton, ein gutes Diskussionsklima, doch das war eine Sache hinter verschlossenen Türen. Den öffentlichen Eindruck von der Großen Koalition bestimmte nicht das Kabinett, sondern die zweite Reihe der Politik.

Und die begann schon nach wenigen Wochen mit dem, was Merkels Regierungszeit stark geprägt hat: der permanente Wahlkampf. Da der kleinere Partner in einer Großen Koalition vom Kanzlerneid angenagt ist, versucht er alles, diese Scharte auszuwetzen. Es geht ihm nicht so sehr um das Jetzt, sondern um das Morgen, die nächste Wahl. Deshalb darf die Kanzlerin gar nicht gut dastehen, ihre Projekte dürfen nicht alle gelingen, denn dann war sie am Ende, wenn Bilanz gezogen wird vor der nächsten Wahl, eine gute Kanzlerin. Und das legt den Bürgern den Gedanken nahe, sie erneut zu wählen. Das durfte aus Sicht der SPD nicht sein. Also wurde geschimpft und kritisiert auf Teufel komm raus. Das war teilweise sogar den sozialdemokratischen Kabinettsmitgliedern zu viel. Müntefering, Steinmeier und Steinbrück ermahnten die Genossen häufig, nicht nur vom Misslingen zu reden, sondern den Anteil der SPD am Gelingen des einen oder anderen Regierungsprojekts herauszustellen. Es nützte nichts. Die SPD wollte eine schlechte Kanzlerin sehen, sah und malte das Bild von einer schlechten Kanzlerin. Wahlkampf ohne Ende, und was ist Wahlkampf? Der Versuch, ein Bündnis mit dem Volk einzugehen. Und da die Umfragen und Schlagzeilen und Behauptungen Lafontaines einen Linksrutsch des Volkes nahelegten, machte die SPD dem Volk Angebote von links: Mindestlöhne, Korrekturen am Arbeitslosengeld I und immer wieder linke Rhetorik, Angriffe auf die angeblich kalte Merkel.

Die zweite Reihe der Union war nicht so souverän, das abtropfen zu lassen. Sie stieg voll ein in den permanenten Wahlkampf, schimpfte und kritisierte zurück. So wurde das öffentliche Bild der Großen Koalition nicht von Merkel oder Steinbrück geprägt, sondern von Ronald Pofalla und Hubertus Heil, den Generalsekretären von CDU und SPD, sowie deren Hilfstruppen. Aber die Regierungsmitglieder ließen sie gewähren. Das ist Ausdruck ihrer gespaltenen Loyalität. Sie greifen Merkel in der Regel nicht an, weil sie Regierungspolitiker sind, aber sie stoppen die anderen nicht, weil auch Minister Parteipolitiker sind.

Das war die Atmosphäre, in der Merkel Reformpolitik machen sollte, voller Gift, voller Hysterie. Dazu eine Bevölkerung, die genug hatte von Reformen, die nach Zumutung oder nach Opfer aussahen. Dazu Oskar Lafontaines verantwortungsfreier Populismus. Das waren keine guten Bedingungen für eine vernünftige Reformpolitik. Die Folgen waren Untätigkeit oder der faule Kompromiss, zum Beispiel beim Gesundheitsfonds. Die Folge war eine Gegenreform beim Arbeitslosengeld I. Es ist schwer zu sagen, was das Optimum dieser Regierung gewesen wäre, es ist auch müßig, weil ihre Zeit bald abgelaufen ist, aber ganz sicher hätte man das Arbeitslosengeld I nicht anrühren dürfen, ganz sicher hätte man das Gesundheitswesen anders reformieren müssen als mit diesem verkorksten Fonds.

Es war schwierig für Angela Merkel, ein Optimum zu erreichen in dieser Lage, aber war es unmöglich? Hat sie es überhaupt versucht?

Ein großes Thema der vergangenen Legislaturperiode war das Thema Führung. Deutschland war seit 1974, als Helmut Schmidt das Kanzleramt übernahm, von Bundeskanzlern regiert worden, die als führungsstark galten. Bei Schmidt war das eindeutig so, Helmut Kohl wackelte zwei Legislaturperioden dahin, bis ihn das historische Geschenk Mauerfall in eine Führungsrolle hineintrieb. Er wurde zu einem Architekten der deutschen und der europäischen Einheit. Gerhard Schröder hatte einen halodrihaften Start, besann sich aber und führte seine Regierung entschlossen zu einer schwierigen Reform.

Sein Regierungsstil wurde später auf das Wort »basta« reduziert. Schluss, aus, Ende der Diskussion. Er konnte ruppig sein, er akzeptierte nur von wenigen Widerspruch, und er scheute nicht davor zurück, mit Rücktritt zu drohen, um seine Sache durchzusetzen. Franz Müntefering, einige Jahre sein Fraktions- und sein Parteivorsitzender, pflegte einen ähnlichen Stil. Es wurde von oben herab geführt. Es wurde Gefolgschaft erwartet und eingefordert. Es wurde kaum Aufwand darauf verwendet, die Genossen zu überzeugen,

Fast alle wichtigen Leute in der Legislaturperiode vor Merkel waren so. Edmund Stoiber beherrschte die CSU und Bayern wie ein König, Joschka Fischer presste seine unruhigen Grünen in Folgsamkeit. Es war eine Zeit der autoritär-demokratischen Anführer, der großen Egomanen. Die Wahl 2005 beendete ihre Ära. Schröder und Fischer wurden abgewählt. Stoiber verlor seine Autorität und später seine Ämter, weil er seinen geplanten Wechsel nach Berlin aufgab. Franz Müntefering trat zurück, weil er seinen Kandidaten für das Amt des Generalsekretärs der SPD nicht durchsetzen konnte.

Die Herrschertypen waren erledigt, und erst einmal setzte Erleichterung ein. Es gab eine Menge Erniedrigter und Beleidigter in den Parteien. Sie waren kujoniert worden, beherrscht, gedemütigt, ausgeschlossen. Nun sahen sie eine Chance für Liberalität, Umgänglichkeit, Teilhabe. Und überall kamen Leute ans Ruder, denen man einen neuen Stil zutrauen durfte. Merkel ersetzte Schröder als Kanzler, Platzeck ersetzte Müntefering als Vorsitzender der SPD, Erwin Huber und Günther Beckstein ersetzten Stoiber in Bayern, nur Joschka Fischer wurde von niemandem ersetzt, denn Fischer ist nicht zu ersetzen bei den Grünen. Nach seinem Abgang versucht sich ein Kollektiv an der Führung der Partei.

Zunächst sah es nach einem Frühling der inneren Demokratie aus. Heute muss man sagen, dass die Nachfolger der Herrschertypen allesamt gescheitert sind (Merkel klammern wir zunächst einmal aus). Die Grünen sind zerstritten und finden kaum Resonanz, weil ein halbes Dutzend Leute für die Partei spricht. Huber und Beckstein schnitten mit ihrer CSU bei der Landtagswahl 2008 katastrophal ab und mussten zurücktreten. Ihnen folgte der große Egomane Horst Seehofer. Platzeck gab sein Amt auf, weil er dem Stress des Parteivorsitzes nicht gewachsen war. Sein Nachfolger Kurt Beck, auch kein ganz harter Hund, trat zurück, weil er eine Intrige gegen sich vermutete. Die Partei hatte er nie in den Griff bekommen. Er wurde durch Müntefering ersetzt, Comeback eines Herrschertypen.

Das ist ein Desaster für den neuen Politikstil. Er ist gescheitert, und es gibt eine leichte Tendenz zurück zur großen Autorität, durch Seehofer, durch Müntefering. Braucht Demokratie also den Herrscher auf Zeit, den kleinen Diktator, den kleinen König?

Bis Angela Merkel Bundeskanzlerin wurde, hatte sie eine gemischte Bilanz als Führungskraft. Sie galt als gut darin, Macht zu erobern. Sie hatte Kohl vom Sockel gestoßen, hatte Wolfgang Schäuble in die Schranken verwiesen und hatte Friedrich Merz das Amt des Fraktionsvorsitzenden genommen und damit auf alle Tage vergrault. Das alles trug ihr den Ruf der »Männermörderin« ein, aber es war nur normale, kühle Machtpolitik, nicht schön, aber durchaus üblich in diesem Gewerbe und mitunter notwendig. Es hatte für manche den Ruch des Verwerflichen, weil eine Frau so handelte, aber das ist Blödsinn. Eine Frau hat dazu das gleiche Recht wie ein Mann. Was Merkel nicht verstand, war, Akzeptanz einzusammeln für die Macht, die sie erobert hatte. Es war kein Feldzug wie der Alexanders des Großen, der die Unterlegenen zu Verbündeten gemacht hatte. Merkel machte sich Feinde. Das hatte auch damit zu tun, dass es manche nicht verwinden konnten, ausgerechnet von ihr, einer Frau, einer Ostdeutschen, einer Quereinsteigerin, verdrängt worden zu sein. Merkel wird alles besonders übel genommen und wenig verziehen. Aber sie ist auch schlecht darin, für sich zu werben. Am Ende war ihr Glück, dass sie so viele Gegner hatte, und die sich nicht einig waren. Niemand konnte sich als klare Alternative profilieren. Und sie hat das Glück, die CDU zu führen, nicht die SPD.

Die SPD ist eine sehr lebhafte Partei, die Führung gegenüber generell misstrauisch ist, die leidenschaftlich diskutiert, weil es fast immer um die schwerwiegende Frage geht, wie man Menschen vor Armut und Elend bewahrt, eine Partei, die sich mit der Kompromisshaftigkeit des Regierens schwertut, kurz, eine Partei, die ihren Vorsitzenden das Leben zur Hölle macht. Seit Willy Brandts Rücktritt, seit 1987, hat die SPD acht Vorsitzende verschlissen. Nur einer, Hans-Jochen Vogel, schied aus Altersgründen aus. Alle anderen mussten sich verschiedenen Kalamitäten beugen. Auch Brandt ist aus Zorn über seine

Partei zurückgetreten. Es gab Widerstand gegen seine Kandidatin für das Amt des Pressesprechers.

Die CDU ist dagegen friedlich. Sie ist eine bürgerliche Partei, und dem Bürger liegt das Revoltieren nicht im Blut. Der CDU-Bürger kann auch damit leben, dass etwas von oben kommt, dass geführt wird. Er erwartet das sogar und ist gerne folgsam. Man kann den Unterschied zur SPD auch mit dem Wort Unbotmäßigkeit erklären. In der SPD spielt dieses Wort keine Rolle. Wo sich alle duzen, wo es Gleichheit als Simulation und als Ziel gibt, kann jeder jedem alles sagen und auch an den Kopf werfen. In der CDU ist die Hierarchie steiler, es ist unbotmäßig, die Oberen hart anzugehen, schon gar nicht öffentlich. Deshalb wurden die Aufstände der Ministerpräsidenten gegen Merkel meist mit schlechten Wahlergebnissen bei den Parteitagen bestraft. Die Partei tut sich auch nicht mit dem Regieren schwer, sie will unbedingt regieren, darin sieht sie ihren Zweck, nicht unbedingt im endlosen Debattieren. In der Zeit, in der die SPD acht Vorsitzende hatte, hatte die CDU drei, Kohl, Schäuble und Merkel. Es ist also vergleichsweise leicht, sich an der Spitze dieser Partei zu halten.

Während Merkel ihre Partei eher straff führt, zeigte sie sich als Bundeskanzlerin als Vertreterin des neuen Stils, weshalb sie auch gleich die Begeisterung der Minister erntete. Leider zeigte sich bald, dass mit diesem neuen Stil wenig durchzusetzen ist, jedenfalls nicht gegen die SPD.

Ich bin kein Freund des Basta-Stils, überhaupt nicht.

Für intelligente, vernünftige Menschen ist er eine Zumutung, für Demokraten unerträglich. Deshalb ist es durchaus eine bittere Erkenntnis, dass Schröder auf seine Art die Agenda 2010 durchsetzen konnte, während Merkel eine vergleichbare Sozialreform nicht gelang. Als ich sie fragte, ob sie nicht manchmal versucht sei, den Schröder zu geben, hat sie fast wütend reagiert. Was ich denn meine, was passieren würde, wenn sie im Kabinett auf den Tisch haute und sagte, nun müssten alle nur noch das machen, was sie sagt? Sie hat das nicht weiter ausgeführt. Es war klar, was dann passiert wäre: Grinsen, Gähnen.

Merkel hatte in ihrer ersten Kanzlerschaft kein Basta zur Verfügung. Ein Basta ist für einen Kanzler nur dann eine Waffe, wenn die, denen es gilt, möchten, dass der Kanzler Kanzler bleibt. Bei Schröder war das so. Trotz aller Sehnsüchte nach Opposition und trotz des Widerwillens gegen die Agenda in großen Teilen seiner Partei, wollte die SPD Schröder nicht stürzen, jedenfalls nicht in einem offenen Putsch. Ein bisschen stolz ist man dann doch auf seinen Kanzler, und Königsmörder ist keine ganz schöne Rolle. Und jeder wusste, dass die Folge eines ignorierten Bastas nicht die Prügelstrafe für die Widerborste ist, nicht deren Parteiausschluss, nicht deren Verbannung ins Exil. Die Folge wäre ein Rücktritt Schröders gewesen, und das hat er ja auch deutlich so gesagt.

Ein Basta kann in einer Demokratie nur funktionieren, wenn es an eine Rücktrittsdrohung gekoppelt ist, ausgesprochen oder nicht. Aber Merkel konnte diese stärkste Waffe eines Kanzlers nicht einsetzen. Hätte sie mit

Rücktritt gedroht, hätte sie damit rechnen müssen, dass die SPD sagt: Okay, na gut, unseretwegen. Es wäre wahrscheinlich ihr Ende als Kanzlerin gewesen. Deshalb sind die Kanzlerschaften von Schröder und Merkel schwer zu vergleichen. Er kämpfte gegen seine Partei. Sie kämpfte gegen ihren Koalitionspartner. Das macht einen großen Unterschied, vor allem bei der Disziplinierung.

Sie selbst hat gesagt, dass der deutschen Demokratie nicht zumutbar sei, dass zweimal hintereinander eine Bundesregierung scheitere, dass es zweimal hintereinander vorzeitige Neuwahlen gebe. Schon bei Schröder war der Weg in die Neuwahl recht krumm gewesen, da er nach wie vor eine parlamentarische Mehrheit hatte. Ein zweites Scheitern hätte an »italienische Verhältnisse« erinnert. In Italien waren einst Regierungen quasi im Jahrestakt gebildet und aufgelöst worden. Politische Stabilität sieht anders aus. Merkel dachte zudem, dass die Wähler denjenigen, der die Regierung scheitern lässt, bestrafen würden, da es gerade in Deutschland ein großes Bedürfnis nach Stabilität gebe. Weiterhin gab es den Umfragen zufolge nie eine Situation, in der sich Schwarz-Gelb einer Mehrheit halbwegs sicher sein konnte. Damit waren Union und SPD aneinander gefesselt. Die Kanzlerin konnte nicht mit Rücktritt drohen, aber sie hätte kämpfen können.

Hat sie gekämpft? Hat sie versucht, ihre Programmatik von Leipzig in Regierungspolitik umzusetzen? Sie hat für ihren Gesundheitsfonds gekämpft, konnte sich jedoch nur zum Teil durchsetzen, aber immerhin. Ansonsten hat sie vor allem zugelassen. Sie hat zugelassen, dass die SPD ihre Mindestlöhne macht, obwohl sie das nicht richtig findet. Sie hat zugelassen, dass die Reform des Arbeitslosengeldes I zum Teil zurückgenommen wird, obwohl sie das nicht richtig findet. Sie hat die Rentenformel aus Schröders Zeit außer Kraft gesetzt, damit die Rentner etwas mehr Geld bekommen, obwohl sie weiß, dass dies die Rentenkassen eines Tages in Schwierigkeiten bringt. Sie hat eine Reform der Pflegeversicherung durchgewunken, die weit hinter ihren Ansprüchen zurückbleibt. Sie hat mit ihrer Regierung lauter kleinere und größere Wohltaten verteilt, obwohl sie weiß, dass sich das in der nächsten Krise rächen wird. Angela Merkel hat sich als Kanzlerin zur Sozialdemokratin gewandelt, zur Zuckerbäckerin. Aus Angst vor Lafontaine. Aus Angst vor der SPD. Aus Angst vor der Stimmung im Volk. Das ist die traurigste Erkenntnis ihrer ersten Amtszeit.

Sie muss ja nicht gleich Basta rufen. Nein ist ein Wort, das in eine Demokratie passt. Sie hätte mal nein sagen können und dann sehen, was passiert. Sie hätte verhandeln können, kämpfen. Sie hätte hin und wieder klar sagen können, was sie eigentlich will. Das wäre Führung gewesen. Sie aber hat auf Führung verzichtet. Sie hat, dabei bleibt es, als Reformpolitikerin ihre Kontur verloren. Sie hat sich aufgelöst. Es gibt kein klares Bild mehr von ihr, nur noch ein verschwommenes. Beck ist in der Bundespolitik gescheitert mit dem Satz: »Ich will mich nicht verbiegen.« Merkel hat regiert mit dem Satz: »Ich bin bereit, mich zu verbiegen.«

Angela Merkel ist nicht feige, das kann man grundsätzlich nicht sagen. Sie hat bei den russischen Autokraten Putin und Medwedew das Thema Menschenrechte angesprochen, den Krieg in Georgien kritisiert, sie hat gegenüber den chinesischen Autokraten ebenfalls das Thema Menschenrechte angesprochen, auch gegenüber dem amerikanischen Präsidenten George W. Bush, den sie deutlich für das Gefangenenlager von Guantanamo kritisiert hat. Ich fühlte mich als Bürger in diesen Momenten immer sehr gut vertreten von ihr.

Angela Merkel ist auch nicht grundsätzlich schlecht in Verhandlungen. Sie hat den Plan für ein Klimaschutzpaket in der EU gut ausgehandelt, gegen den Widerstand des damaligen französischen Präsidenten Jacques Chirac und vieler osteuropäischer Staaten. Sie hat beim Gipfel der G8 2007 in Heiligendamm Bush ein kleines Zugeständnis in Sachen Klimaschutz aus dem Kreuz geleiert, obwohl der sich vorher betonhart gegeben hatte. Das allerdings war Außenpolitik, wo sie es leichter hat, wie schon beschrieben. In dem Moment, wo die Klimapolitik zu einer innenpolitischen Frage wurde, war sie nicht mehr ganz so entschlossen. Deshalb lohnt sich ein kleiner Exkurs zu diesem Thema. Er zeigt, dass es in Merkels Verhalten ein Muster gibt.

Im Winter 2006 legten Wissenschaftler neue Zahlen zur Erderwärmung vor. Sie waren dramatisch. Sie waren nicht neu für Experten, aber für die breite Öffentlichkeit waren sie ein Schock. Eine Welt wurde vorstellbar, in der die Pole schmelzen, das Meer große Stücke vom Land überspült, eine Unzahl von Wirbelstürmen Städte verwüstet, die Sonne zum Feind wird, weil die Ozonschicht kaum noch Schutz bietet. Der Untergang der Welt wurde vorstellbar, so wie es Roland Emmerich in seinem Kinofilm *The Day After Tomorrow* gezeigt hat. Alarmstimmung brach aus.

Angela Merkel hat diese Zahlen geradezu an sich gerissen. Sie hat sofort mit diesen Zahlen Politik gemacht. Das lag nahe für sie. Als Wissenschaftlerin hat sie Vertrauen in die Ergebnisse wissenschaftlicher Forschung, es fällt ihr leicht, in einem wissenschaftsdominierten Feld Politik zu machen. Und sie hatte noch kein Thema für ihre Kanzlerschaft gefunden. Nun sah sie eines. Und es versprach, anders als die Reformpolitik, ein fast widerspruchsfreies Thema zu werden. Der Klimaschock saß zu der Zeit so tief, dass fast jeder einsah, es müsse etwas geschehen, auch wenn das Opfer nach sich zöge, zum Beispiel ein gebremstes Wachstum. Es gab damals keinen nennenswerten Widerstand gegen Merkels Klimapolitik, nicht mal in der SPD. Nach ihren Verhandlungserfolgen in Brüssel und Heiligendamm wurde sie als Klimakönigin gefeiert. Sie schien die Idee ihrer Kanzlerschaft gefunden, ihren Eintrag ins Geschichtsbuch gesichert zu haben: die Klimakanzlerin.

Doch 2008 kletterten die Energiepreise. Rohöl, Gas, alles wurde teurer. Die Bürger sorgten sich nicht so sehr ums Klima, sie sorgten sich um ihren Lebensstandard. Was tat Merkel? Sie schaffte sich als Klimakanzlerin ab, so wie sie sich als Reformpolitikerin abgeschafft hatte. Sie ließ zu, dass das Klimaschutzprogramm der Bundesregierung unter dem versprochenen Ziel blieb. Sie setzte sich dafür ein, dass die Hersteller deutscher Limousinen nicht ganz so hart von Umweltauflagen aus Brüssel getroffen wurden. Aber am deutlichsten war ihr Schweigen. Sie wollte in der Öffentlichkeit nicht mehr als Klimakanzlerin wahrgenommen werden, weil Klimaschutz nicht mehr eine durchweg positive Konnotation in der Bevölkerung hatte. Klimaschutz war zur Last geworden, es wirkte nicht mehr die Angst vor einem stürmischen Morgen, es wirkte die Angst vor einem ärmlichen Jetzt. Die Bedrohung hatte sich allerdings nicht verändert. Es geht weiter mit der Erderwärmung, aber mit einem reduzierten Widerstand der Bundeskanzlerin.

Das Muster ihrer Politik sieht also so aus: Merkel hält sich lange bedeckt, greift dann nach dem Thema, das sich gerade besonders anbietet, und lässt es fallen, wenn es schwierig wird. So kann man durchkommen, aber so kann man keine große Kanzlerschaft begründen. Großes Regieren ist oft auch Regieren gegen das Volk oder mächtige Teile des Volkes. Das können auch Minderheiten sein, die es verstehen, sich in den Medien Gehör zu verschaffen und damit das Bild von einer Stimmung prägen.

Willy Brandt hat die Ostpolitik durchgesetzt, obwohl ihn die Union und viele Medien dafür angefeindet haben. Helmut Schmidt hat die Nachrüstung betrieben, obwohl es eine Friedensbewegung gab, die weit über die Demonstranten hinausragte und die aus einer Friedensseligkeit der Deutschen nach den beiden verlorenen Weltkriegen schöpfte. Helmut Kohl hat die Deutsche Mark abgeschafft, obwohl sie das Lieblingskind der Deutschen war, Ausdruck wiedergewonnener Stärke nach dem verlorenen Krieg. Und Gerhard Schröder hat die Agenda 2010 durchgesetzt. All diese Maßnahmen waren im Nachhinein richtig. Die Ostpolitik hat die Verkrampfung in Europa ein Stück weit gelockert. Die Nachrüstung hat zum Ende der Sowjetunion beigetragen. Der Euro wurde zu einer starken, stabilen Weltwährung. Die Agenda 2010 hat die Arbeitslosigkeit gesenkt. Es gibt also Gründe, dem Volk in all seinen Stimmungen nicht uneingeschränkt zu trauen, sondern auch dem Verstand von Politikern. Sie müssen sich allerdings selbst trauen, sich und ihren Ideen.

Angela Merkel und die Große Koalition sind das Wagnis, gegen das Volk zu regieren, nicht eingegangen. Das heißt, in einer Frage schon. Der Einsatz deutscher Soldaten in Afghanistan wurde verlängert und ausgeweitet. Die meisten Umfragen sagen, dass die Mehrheit der Deutschen gegen diesen Einsatz ist. Die Politiker halten trotzdem daran fest. Auch das ist richtig, aber wie tun sie es? Angela Merkel will sich mit diesem Einsatz nicht eng verknüpfen. Sie wirbt nicht laut und offensiv für das deutsche Engagement in Afghanistan. Große Politik ist auch Werben für eine unpopuläre Sache. Merkel tut es zu wenig. Vor der SPD ist sie eingeknickt, weil ihr die SPD die laufende Kanzlerschaft hätte nehmen können. Vor dem Volk ist sie eingeknickt, weil ihr das Volk die nächste Kanzlerschaft nehmen könnte.

Es gibt in Deutschland ein Problem mit den ersten vier

Kanzlerjahren. Schröder hat es auch gehabt. Er hat nicht viel getan, vor allem hat er es versäumt, die Reformen vor der großen Wirtschaftskrise anzupacken. Er hat sich durchgemogelt, wollte niemandem wehtun. Doch kurz nachdem er zum zweiten Mal gewählt worden war, ging er die Probleme an. Ein Kanzler, der keine zweite Legislaturperiode erreicht, gilt als gescheitert. Ludwig Erhardt wurde zur Leitfigur der sozialen Marktwirtschaft, aber das hat er sich als Wirtschaftsminister verdient, als Kanzler blieb er blass. Kurt Georg Kiesinger, Kanzler der ersten Großen Koalition von 1966 bis 1969, ist so gut wie vergessen. Wenn ein Politiker seine erste Kanzlerschaft erringt, ist er eine Hoffnung. Wenn er seine zweite Kanzlerschaft erringt, ist das eine Bestätigung. Gut gemacht, weiter so, gerne auch eine Steigerung hier und dort. Da wollen alle hin, bestätigt sein. Ein Kanzler wird so richtig Kanzler erst in der zweiten Regierungszeit.

Das heißt leider auch: In der ersten Regierungszeit geht es ums Überleben, ums Durchkommen. Es geht darum, sich die Chancen für die nächste Wahl nicht zunichtezumachen. Deshalb ist auch Angela Merkel in den permanenten Wahlkampf eingestiegen, nicht mit Verbalattacken gegen die SPD, sondern mit dem Versuch, ebenfalls ein Bündnis mit dem Volk einzugehen, dem angeblich nach links gerutschten Volk. Also wurde sie oberste Sozialdemokratin.

Kanzlersein ist verflucht verführerisch für einen Politiker. Es verschafft einem Erfahrungen, die sonst kaum jemand macht, eine Handvoll Menschen weltweit. Man kann, zum Beispiel, mit dem Flugzeug einparken. In Helsinki zum Beispiel, beim Treffen der asiatischen und europäischen Staats- und Regierungschef, war der Flughafen voll mit Staatsfliegern, in denen sich die Größe des jeweiligen Landes spiegelte. Die Chinesen kamen mit einem Jumbo. Merkel kam mit einem Airbus und lag damit in der Größenordnung recht weit vorne. Der Airbus parkte ein, reihte sich in das Defilee der Nationen. Deutschland war da. Merkel war da. Darauf angesprochen, würde sie immer sagen, dass ihr das nichts bedeutet. Aber hier würde ich eine Unterstellung wagen: Es wirkt bei allen, unterschwellig auf jeden Fall. Auch deshalb können sie sich so schlecht verabschieden, Kohl, Schröder, selbst ein Ministerpräsident wie Stoiber.

Gerade Merkel hat die Wonnen einer Kanzlerschaft intensiv erlebt. Beliebt. Sie war plötzlich beliebt, die Frau, die so heftig bekämpft wurde, der man Unbeliebtsein immer unterstellen konnte, weil sie so komische Grimassen zieht, weil sie nicht für jede Kamera das richtige Gesicht findet, weil man ihr soziale Kälte unterstellen konnte, diese Frau war jetzt beliebt. Und Beliebtsein kann man lieben. Man kann sich so daran gewöhnen, dass man es nicht aufs Spiel setzen will. So war die erste Regierungszeit für Merkel auch Genuss, trotz aller Schwierigkeiten.

Das Problem ist, dass man die erste Regierungszeit nicht abschaffen kann. Besser wäre es. Gleich mit Regierungszeit II anfangen. Man hätte von Anfang an mutigere, entschlossenere Kanzler. Oder man braucht einen wie Willy Brandt, der gleich in der ersten Regierungszeit das ganz große Ding wagt, die Ostpolitik, weil er darin eine Notwendigkeit sieht, weil er aus einer festen Überzeugung heraus handelt.

Überzeugungen sind mittlerweile ein Problem für Politiker. In dieser beschleunigten Welt, in der innerhalb von sieben Jahren zweimal eine Säule der Ökonomie einstürzt, in der die Globalisierung die Machtverhältnisse durcheinanderwirbelt, in der ein Medienzirkus jede kleine Entwicklung zu einer großen macht, in der Umfragen das Bild von der Gesellschaft ständig erneuern, ist es schwer, eine Überzeugung zu finden und zu halten. Es gibt keine feste Grundlage, kein klares Bild von der Welt wie noch im Kalten Krieg, als der Antagonismus USA/Sowjetunion, Nato/Warschauer Pakt dem Geschehen einen festen Rahmen gab und damit auch eine Beschränkung. Es ist gut, dass das verschwunden ist, aber die neue Haltlosigkeit führt auch zur Ungewissheit, damit zu Schwammigkeit in den Gedanken, Haltungen, Überzeugungen.

Dazu kommt dieser gasförmige Zustand der deutschen Politik, dieses seltsame Zusammenspiel von Bedeutsamkeit und Flüchtigkeit. Weil die Medien jedes Wort verstärken, gewinnt es ungeheure Bedeutung, aber dann verfliegt es auch ganz schnell, weil die Medien hungrig sind nach neuen Worten, die im Minutentakt die alten ersetzen. Die Folge ist, dass die Worte nur noch mit einer Minutenabsicht gesagt werden, sie sollen ein Medienjetzt erreichen. Ein Morgen müssen sie nicht haben, sollen sie oft nicht haben. Denn morgen gibt es schon wieder eine andere Welt, in der man mit anderen Worten auftreten will. Die Folge ist: Wer gestern aus Überzeugung Überzeugendes gesagt hat, ist heute schon ein Depp, weil die Worte nicht mehr passen zum Heute. Auch deshalb wird in der Politik so seltsam geredet, und Merkel ist mittlerweile eine Meisterin der unbedeutenden Worte, jedenfalls in der Öffentlichkeit.

Aber einmal hat sie sich festgelegt, das war im Jahr 2003, und diese Worte haben eine gewisse Gültigkeit. Der Unterschied ist vor allem, dass sie damals dachte, sie rede dem Zeitgeist ins Gemüt, und heute mag der Zeitgeist diese Worte nicht. Also weg damit.

Was immer hilft bei der Selbstauflösung, beim Abschied von den eigenen Worten, ist ein Wahltag. Weil ein Wahltag einen Bruch markiert. Dieser Bruch ist so stark, dass man von Welt I und Welt II reden kann. Welt I ist die heiße Wahlkampfphase, Welt II beginnt am Tag nach der Wahl und dauert bis zur nächsten heißen Wahlkampfphase. Bei Schröder sah das so aus: In der Welt I von 2002, dem Bundestagswahlkampf, war er kein Sozialreformer. In der Welt II, seiner zweiten Regierungszeit von 2002 bis 2005, war er der radikalste Sozialreformer, den die Bundesrepublik je hatte. In der nächsten Welt I, dem Wahlkampf von 2005, hat er sich als Sozialreformer komplett abgeschafft, er tat so, als habe es die Agenda gar nicht gegeben, er erwähnte sie kaum. Er war durch und durch klassischer Sozialdemokrat, und die Sozialdemokraten wollten das für den Wahlkampf glauben. Sie vergaßen ihren Zorn gegen die Agenda, feierten und wählten ihn. Es war erstaunlich. Es war so, dass zwei harte, schwierige Reformjahre in einer großen Selbstsuggestion verschwinden konnten. So viel zu den Möglichkeiten, Welt I und Welt II auseinanderzuhalten.

Jeder Politiker weiß, dass er diese Möglichkeit hat. Er fühlt sich frei von den Kongruenz- und Kontinuitätsansprüchen, die andere Menschen an sich stellen. In der schnellen Welt des Berliner Regierungsbezirks zählt das Gestern fast nichts. Jeder kann sich jeden Tag neu erfinden. Dann kommen ein paar Vorhaltungen, aber die stehen im Ruch der Kleinlichkeit. So ist Merkels Welt, und deshalb ist es für sie womöglich gar nicht so ein großes Problem, dass sie einen Reformwahlkampf geführt hat, gegen die Sozialdemokratie, sich nach dem Wahltag aber zur obersten Sozialdemokratin mauserte. Es war eben der Sprung von Welt I in Welt II. Sie folgt einer gängigen Praxis, auch wenn ihr Fall extrem liegt. Politiker gehen davon aus, dass ihnen der Wandel verziehen wird.

Es gibt einen Grund, warum Merkel ein großer Wandel besonders leicht fällt. Der hat mit ihrer Einsamkeit in der CDU zu tun. Merkel hat die Partei früher mit dem sogenannten »Girls Camp« geführt, einem kleinen Team von Frauen, angeführt von ihrer Büroleiterin Beate Baumann. Sie hat es bis heute nicht geschafft, sich tief in dieser Partei zu verwurzeln. Man hat ihr das verwehrt, aber sie hat sich auch nicht besonders angestrengt. Zugespitzt formuliert, hat sie sich die CDU als Instrument gekapert, um ihre Vorstellungen von Politik durchzusetzen. Sie hat sich nicht groß darum geschert, was die Partei eigentlich will. Es zählt, was Merkel will. Sie führt, die anderen müssen folgen. Und weil die CDU ist, wie sie ist, folgt sie auch. Mehr als ein Murren war nicht zu hören, ein Murren der Konservativen gegen die Familienpolitik von Ursula von der Leyen, die Müttern die Berufstätigkeit leichter gemacht hat, ein Murren des Wirtschaftsflügels gegen Merkels Sozialdemokratismus. Die CDU spielt in Merkels Kanzlerschaft keine Rolle.

Wer so viel Abstand hält zu seiner eigenen Partei wie Merkel, der hat auch keine großen Loyalitäten. Wäre Merkel tief verwurzelt in dieser Partei, müsste sie die anderen mitnehmen. Sie müsste ihnen erklären, warum sie eine Abkehr von den einstigen Vorstellungen für richtig hält. Sie müsste sie überzeugen. Ein Mensch, der andere bei seinen Wandlungen mitnehmen will und muss, wandelt sich nicht so schnell, nicht so radikal. Denn eine solche Wandlung ist eine Zumutung für die anderen, sie müssen die Programme, die sie einst vertreten haben, über Bord werfen, obwohl sie die vielleicht mochten, sie müssen etwas von sich selbst abschaffen, aber nicht aus eigenem Antrieb. Das hat Merkel ihrer Partei leichthändig zugemutet, ohne große Erklärungen, ohne die Bitte um Gefolgschaft. Sie macht das einfach. So führt Einsamkeit in der Politik zu einer großen Mobilität und Flexibilität, aber eben auch zu einer Haltlosigkeit.

Wie sieht Merkel das? Was sagt sie zu ihrer Selbstabschaffung als Reformerin? Ich habe mit ihr darüber im Frühjahr 2008 anderthalb Stunden auf einem Flug von Straßburg nach Berlin geredet.

Sie ist ziemlich sauer, als sie morgens um neun Uhr in Tegel in die Challenger steigt. Sie setzt sich nach vorne zu ihrem europolitischen Berater Uwe Corsepius und zu Regierungssprecher Ulrich Wilhelm und lässt erst einmal Luft ab. Die *Frankfurter Allgemeine Zeitung* hat an diesem Morgen geschrieben, dass Merkel von ihrem Ziel, die Lohnnebenkosten dauerhaft unter 40 Prozent zu drücken, abgerückt sei. Quatsch. Ist sie nicht. Und dann dieser Josef Schlarmann, Vorsitzender der Mittelstandsvereinigung der Union. Er hat kürzlich im *Spiegel* mit Merkel abgerechnet, das kann sie immer noch aufregen. Ist da denn niemand, der dem mal Bescheid gibt?

Auf dem Rückflug ist sie ruhig, sie hat die Schnoddrigkeit, die sie manchmal unter Vertrauten zeigt, abgelegt. Sie sagt, dass sie Schlarmanns Kritik in manchen Punkten verstehen könne. Sie habe ja schon eingeräumt, dass der Eingriff in die Rentenformel »ordnungspolitisch kein Meisterstück« gewesen sei. Sie sagt das dreimal in diesem Gespräch: ordnungspolitisch kein Meisterstück. Sie räsoniert länger über Kritik und Selbstkritik und wirkt empfindlich dabei, angefasst. Sie liest viel in den Zeitungen und Zeitschriften, und die manchmal harschen Worte über ihre Wirtschafts- und Sozialpolitik treffen sie auf eine seltsame Art, nämlich aus zwei widersprüchlichen Gründen: weil ihr Unrecht getan wurde und weil ihr recht geschieht.

Unrecht: Naturgemäß hält sie sich nicht für eine schlechte Kanzlerin.

Recht: Sie weiß, dass sie nicht die Kanzlerin geworden ist, die sie werden wollte. Das nagt.

Inzwischen hat sie den Aufsatz von Herfried Münkler gelesen, Maximum und Optimum. Na bitte, Merkel kann ihre Freude nicht verhehlen, dass da jemand ihre Politik intellektuell begründet. Ein Wissenschaftler! Sie sagt das mit Ausrufezeichen, als wäre damit die Gültigkeit von Münklers Sätzen bewiesen. Wissenschaftlerin ist sie ja selbst.

Ein Schlarmann denke eben extrem unpolitisch, sagt sie. Aber verstehen kann sie ihn, ja doch. So ist sie hin- und hergerissen zwischen Zerknirschung und Rauflust. Die Kritik von Altbundespräsident Roman Herzog an ihrer Rentenpolitik? Ach, dessen Generation habe die Probleme doch nicht rechtzeitig angepackt. Dann wieder: Die Kritik bewege sie schon.

Aber hat denn ihre Entscheidung zur Rente überhaupt etwas zu tun mit der schwierigen Suche nach dem Optimum in einer Koalition? Es gab doch gar keinen Druck von der SPD. Ohne Not, ohne Druck hat sie eine von Schröders Reformen außer Kraft gesetzt. Wie kam sie dazu? Sie sagt, es gehe ihr um Gleichzeitigkeit, gefühlte Gleichzeitigkeit. Vom Aufschwung sollten alle profitieren. Deshalb könne sie die Forderung der Rentner gut verstehen.

Aber es gab gar keine Forderung.

Die vorausgeahnte Forderung, sagt sie und muss selbst schmunzeln.

Es sei gefährlich, wenn sich die Rentner radikalisierten. Andererseits müsse auch verhindert werden, dass die Jungen auswanderten. Schwierig.

Die Challenger verlässt die Reiseflughöhe. Merkel redet über den Gesundheitsfonds. Ein bisschen verkrumpelt sei er schon, sagt sie, aber darauf komme es gar nicht an. Für Merkel ist wichtig, dass sie sich damit nichts verbaut. Sie kann den verkrumpelten Fonds in eine Gesundheitsprämie à la Leipzig umwandeln, falls sie die SPD bei der nächsten Bundestagswahl loswird. Es gibt einige Projekte, erzählt sie in der Challenger, die sie nicht so sehr mit gegenwärtigen Augen betrachtet, sondern mit zukünftigen. Mit dem Vorschlag der SPD, den Bahnverkehr zu 24,9 Prozent zu privatisieren, kann sie gut leben, weil sie das dereinst ohne SPD auf 49,9 Prozent erweitern könne. Bei den Mindestlöhnen fährt sie eine Hinhaltetaktik, um möglichst wenige davon in die nächste Legislaturperiode mitnehmen zu müssen. Der Ausstieg aus dem Ausstieg bei der Kernenergie ist ohnehin im Blick. Für später. Und die Brücke ins Später bauten ja die Journalisten mit ihren kritischen Artikeln über Merkel, ergänzt einer von Merkels Mitarbeitern. Sie hielten den Reformgedanken lebendig in der Gesellschaft.

Und so ergibt sich eine klare Antwort, wo die Merkel von gestern ist, die große Verbalreformerin. Verschwunden? Nein, sie ist im Morgen. Die Reformerin Merkel ist vom Gestern ins Morgen gesprungen unter Vermeidung der Gegenwart. Sie hat diesen Teil abgespalten und nach vorn verlegt. Ihre schöneren Stunden als Kanzlerin erlebt sie in den Gedanken an 2009 oder 2010, wenn sie sich eine Koalition mit der FDP ausmalt.

Deshalb erlebte Deutschland in Merkels erster Regierungszeit eine Übergangskanzlerin, Merkel war im Transit zu sich selbst. Das bedeutete für die Bürger, dass sie in einer Zwischenzeit steckten, die Politik schaffte Provisorien, die in der kommenden, natürlich großen Zeit nicht im Wege sein sollten. Aber es gibt ein Recht auf Gegenwart. Wenn sich die Kanzlerin zum Teil ins Morgen verdrückt, holt sie nicht das Optimum im Jetzt heraus. Und man möchte schon erwarten dürfen, dass Gesetze, die mit so viel Schweiß entstanden sind wie der Gesundheitsfonds eine längere Lebensdauer haben als eine Topfblume. Zudem wird das Morgen nie so wie erwartet. Ein paar Monate nach dem Gespräch in der Challenger brach die Finanzkrise aus und stellte der Politik ganz neue Aufgaben.

Wenn sich die Kanzlerin gedanklich gerne in der Zukunft bewegt, bleibt ein Vakuum. Die SPD hat es nicht gefüllt, denn die hat sich eher noch mehr mit dem nächsten Wahltag befasst. Indem sie den permanenten Wahlkampf schürte und indem sie ständig um die Frage kreiste, wie sie sich vom Verdacht frei halten kann, nach der nächsten Bundestagswahl ein Bündnis mit der Partei Die Linke einzugehen. Deshalb gab es dieses Riesentheater um Andrea Ypsilanti und ihren Wunsch, sich von den hessischen Linken tolerieren zu lassen. Und es wurde sogar viel über die übernächste Bundestagswahl nachgedacht, wenn dann Oskar Lafontaine im Ruhestand ist sowie alle älteren Sozialdemokraten, die persönlich von ihm enttäuscht sind und deshalb nicht mit seiner Partei koalieren können.

Wer hat also regiert? Denn in der Politik gibt es kein Vakuum. Wenn einer nicht führt, kommen andere und sagen, wo es langgeht. Wer sind diese anderen?

Es ist das Volk.

Noch nie hat das Volk so viel Einfluss auf die Politik gehabt wie in der Regierungszeit von Angela Merkel. Das ist besonders absurd, weil es das Volk als solches nicht mehr gibt. Es ist nur noch Erregungsgemeinschaft, wie der Philosoph Peter Sloterdijk einmal geschrieben hat. Es versammelt sich vor den Fernsehern, wenn die deutsche Mannschaft im Endspiel der Europameisterschaft steht. Dann fiebert es für den Sieg der eigenen Mannschaft (wobei es gerade in Deutschland immer noch eine erhebliche Menge von Leuten gibt, die der deutschen Nationalmannschaft nichts so sehr wünschen wie eine Niederlage, weil sie Deutschland blöd finden und alles, was das Wort national trägt, sowieso). Ansonsten gibt es das Volk nur noch im Wort Volkswagen oder im Wort Volksfürsorge, Firmen, die sich heute auch nicht mehr so nennen würden. Volksparteien gibt es auch noch, aber bei denen steht im Zweifel, ob sie ihren Namen zu Recht tragen. CDU und SPD haben ihre Mitgliedszahlen in den letzten beiden Jahrzehnten fast halbiert. Bei der Bundestagswahl 2005 holten sie nur noch gut zwei Drittel der Stimmen, bei sinkender Wahlbeteiligung. Sogar der CSU ist es bei der Landtagswahl 2008 nicht gelungen, eine Mehrheit der bayerischen Wähler für sich einzunehmen. Die Politik muss sich wohl dauerhaft auf ein Fünf- oder Sechsparteiensystem einrichten. Das gilt als Ausdruck einer

Gesellschaft, die sich aufspaltet, aufsplittert, die sich individualisiert. Es gibt also gar nicht *das* Volk, dauerhaft gab es das wahrscheinlich nur während der Nazi- und Kriegsjahre, als Deutschland ständig Erregungsgemeinschaft war.

Es gibt *das* Volk aber als Konstrukt, so wie es auch in diesem Text gebraucht wurde. Es ermittelt sich aus permanenten Umfragen und Landtagswahlen. Umfragen haben mittlerweile eine Bedeutung wie kleine Wahlen. Und Landtagswahlen haben eine Bedeutung wie große Wahlen, also Bundestagswahlen. Der meistgehörte Satz im Berliner Regierungsviertel in den zwei, drei Monaten vor der Bayernwahl war: Davor geht gar nichts, das können wir erst danach machen. So starren alle auf die nächste Wahl, die nächste Umfrage und richten ihr Verhalten danach aus. Über Deutschland liegt damit die Nervosität einer permanenten Volksbefragung. Und die endet immer in einem vorsätzlichen Irrtum. Denn *das* Volk gibt sich ja gar nicht in großen absoluten Zahlen zu erkennen. Es zeigt sich gespalten in fast allen Fragen. Trotzdem wird es aus diesen Umfragen und Wahlergebnissen herauskonstruiert, und das geht so: Das Spannende ist immer die Bewegung. Was hat sich seit der letzten Umfrage, der letzten Wahl verändert? Meist gar nicht so furchtbar viel. Aber man muss ja nur kleinen Bewegungen ein großes Wort verleihen, dann sind sie groß. Linksrutsch ist das Wort, das Merkels erste Regierungszeit geprägt hat. In Wahrheit hat sich eine relativ kleine Zahl von Leuten nach links bewegt, aber die stehen dann für alle.

Linksrutsch wird zum Synonym für eine Volksbewegung. Und die macht dann Politik, über die Verstärkung durch die Medien und über die Leute, die sich zum Volkstribun machen, Oskar Lafontaine zum Beispiel. In Wahrheit regieren damit Minderheiten, zuletzt vor allem Transferempfänger. Ihre Bedürfnisse haben die Debatte überproportional stark bestimmt. Für ihre Bedürfnisse wurde in Merkels erster Regierungszeit vor allem Reformpolitik gemacht.

Und wir wissen alle, wie sehr Umfragen danebenliegen können. Wir wissen es spätestens seit der Bundestagswahl 2005, als die Umfragen bis zum Samstag vor dem Wahlsonntag ermittelt haben, dass Angela Merkel um die 40 Prozent holen wird.

Aber selbst wenn all diese Umfragen richtige Ergebnisse ermitteln würden, selbst wenn sich klare Mehrheiten zu manchen Fragen ermitteln ließen, wäre ich immer noch dagegen, dass sich die Bundespolitik nach Umfragen und den Ergebnissen von Landtagswahlen ausrichtet. Denn ich glaube immer noch daran, dass es besser ist, ein Land für vier Jahre Politikern zu überlassen als einer sogenannten Volksmeinung.

Man kann das auch anders sehen. Man kann sagen, dass Demokratie die Herrschaft des Volkes ist. Stimmt. Deshalb sollte sich die Politik auch nach den Bedürfnissen des Volkes richten. Stimmt nicht. Deutschland ist eine repräsentative Demokratie. Sie setzt großes Vertrauen in Politiker.

Ich habe einmal erlebt, wie Angela Merkel ein leidenschaftliches Plädoyer für die repräsentative Demokratie gehalten hat. Das war an jenem Abend in Brüssel, nach dem Krisengipfel zu Irland. Das irische Volk hatte sich gegen den Vertrag von Lissabon entschieden, obwohl kaum ein anderes Land so sehr von der EU profitiert hat.

Als Merkel gegen Mitternacht zum Hintergrundgespräch in ihr Hotel kam, war sie die Kanzlerin einer glücklichen Erregungsgemeinschaft. Die deutsche Nationalmannschaft hatte gerade Portugal in einem grandiosen Viertelfinale bei der Europameisterschaft besiegt. Die ersten Fragen drehten sich deshalb um Fußball. Dann ging es um die Iren und die EU. Es ging um den Sinn oder Unsinn solcher Volksbefragungen. Merkel beantwortete eine Weile Fragen, dann brach es aus ihr heraus. Sie hielt ein langes Plädoyer für die Profipolitik. Sie rief aus, dass man denen, die 16 Stunden am Tag nichts anderes machten, als sich mit politischen Fragen zu beschäftigen, doch mal zutrauen solle, hin und wieder eine vernünftige Entscheidung zu fällen. Es war eine große Rede für die repräsentative Demokratie. Es war die beste Rede, die ich von ihr in vielen Jahren gehört hatte. Man darf sie hier nicht zitieren, wegen dieser idiotischen Regeln.

Ich dachte auch: Ja, sehr gut, aber warum haben gerade Sie Verrat an der repräsentativen Demokratie begangen?

Die repräsentative Demokratie überlässt den Politikern die Regierung für vier Jahre, dann wird wieder das Wahlvolk befragt. Es hat sich gezeigt, dass dies im Großen und Ganzen gut funktioniert. Die Bundesrepublik wird vergleichsweise gut regiert, ist ein wohlhabendes und lebenswertes Land, in dem das meiste mit großer Selbstverständlichkeit vor sich hinschnurrt, obwohl seit 1989 die Mammutaufgabe deutsche Einheit geschultert werden muss. Müllberge wie in Italien sind hierzulande undenkbar. Es hat sich auch gezeigt, dass die Politiker oft richtig lagen, wenn sie Projekte, von denen sie überzeugt waren, gegen öffentliche Wirbelstürme durchsetzten.

Nur auf einem wichtigen Gebiet hat die deutsche Politik über viele Jahre nicht gut funktioniert. Das ist das Gebiet der Sozialreformen. In den späten neunziger Jahren, als die Globalisierung so langsam ins Laufen kam, hat es Helmut Kohl versäumt, den Sozialstaat den neuen Erfordernissen anzupassen. Er hatte Angst vor seinem Volk. Er hat noch selbst erlebt, was ein entfesseltes deutsches Volk anrichten kann. Er hat in dem Bewusstsein gelebt, dass der Sozialstaat dazu beiträgt, eine neuerliche Entfesselung zu verhindern. Deshalb ließ er lieber die Finger davon, es kam zum Reformstau. Deutschland war für die Globalisierung nicht besonders gut aufgestellt und fiel zurück.

Schröder hat zunächst so weitergemacht. Doch dann hat er dieses Feld für die Politik erobert. Das bleibt sein ewiges Verdienst. Angela Merkel, ausgerechnet Angela Merkel, hat dieses Feld wieder geräumt. Es ist an eine diffuse Volksmeinung zurückgefallen. Merkel hat sich zur Volkskanzlerin gemacht.

DIE KRISENMANAGERIN

Die große Krise ist die ideale Situation für Politiker. Sie ist einerseits eine Situation der Angst und der Sorgen, die Lebensgrundlagen sind bedroht. Deshalb wünscht sich niemand eine große Krise. Aber es ist dann plötzlich auf eine ganz andere Art Politik möglich, frei von den Hemmnissen und Kalamitäten, die Politik sonst so schwerfällig und mitunter hässlich machen. Dafür gibt es vier Gründe:

Ein großes Problem der Politik in normalen Zeiten ist die Frage, wie überhaupt die Lage ist. Schon darüber kann man sich kaum verständigen, weil die Lage durch parteiliche Brillen betrachtet wird. Gibt es echte Armut in Deutschland? Wie schlimm ist sie? Was heißt überhaupt Armut? Es fehlen eindeutige Daten über die Gesellschaft, und es fehlen eindeutige Begriffe. Deshalb ist das Feld frei für Interpretationen, also für Streit. In der großen Krise dagegen ist die Lage oft so eindeutig, dass darüber nicht mehr gestritten wird. Und auch wenn die Lage verworren ist, löst die große Krise mindestens ein einheitliches Bedrohungsgefühl aus. Angst vor Krieg, Angst vor einer wirtschaftlichen Depression, die fast allen die Wohlstandsposition rauben würde. Die Politik hat also kein Erkenntnisproblem, schon das ist eine gute Voraussetzung für Handlungsfähigkeit.

Die Schuldfrage spielt in der großen Krise zunächst in der Regel keine Rolle. Sie wird sonst besonders heftig diskutiert. Bevor zum Beispiel ein Armutsproblem angegangen wird, müssen alle mit dem Finger aufeinander zeigen und sagen: Du bist schuld, es waren die Versäumnisse von dir, von deiner Partei, die zu diesem Desaster geführt haben. Diese Schulddebatten vergiften das Klima so sehr, dass ein vernünftiges Gespräch über Lösungen kaum noch möglich ist. In der großen Krise bleibt keine Zeit für solche Debatten, man kann sich nicht mit Schuldfragen aufhalten, sondern muss sofort nach Lösungen suchen. Zudem werden große Krisen oft von außen in ein Land hineingetragen oder werden jedenfalls nicht von deutschen Politikern verursacht, so dass sich eine Schulddebatte erübrigt.

Die Medien nehmen sich in der großen Krise meistens zurück. Sie bleiben kritisch, müssen sie auch, aber sie sind nicht mehr hyperkritisch. Wenn sonst mitunter ein klammheimlicher Wunsch nach Misslingen herrscht, weil mehr los ist, wenn etwas misslingt in der Politik, wünschen Journalisten in der großen Krise, dass Politik gelingt. Sie haben ein persönliches Interesse daran, weil auch sie sich bedroht fühlen und Angst haben vor Krieg oder Wohlstandsverlust. Sie berichten aber auch eher mit einem Verantwortungsgefühl für die Gesellschaft insgesamt (einige Journalisten brauchen dafür keine große

Krise, sondern machen das immer so). Das heißt, die Stimmung in der großen Krise ist paradoxerweise nicht so hysterisch, so aufgeladen, sie ist ruhiger, es ist eine Zeit der Vernunft.

Auch die Politiker nehmen in der Zeit der großen Krise Vernunft an. Es ist sowieso nicht die Stunde der zweiten Reihe, der Hinterbänkler, die sonst den permanenten Wahlkampf dominieren, sondern es ist die Stunde des Kabinetts, wo die parteipolitische Sicht ohnehin eine geringere Rolle spielt als draußen. Die kommende Wahl wird nun weitgehend ausgeklammert, der Rückzug in die Zukunft hört auf, eine große Krise ist der Triumph der Gegenwart. Und es ist der Triumph der Politik über die sogenannte Volksmeinung. Die kann sich so schnell gar nicht entfalten oder ausdifferenzieren. Die Politiker schauen jetzt nach den Notwendigkeiten, nicht nach Bündnissen mit dem Volk oder kommenden Wahlergebnissen.

Die Bedingungen für Politik sind in der großen Krise also viel besser als in normalen Zeiten, wenn es vor allem um Reformen geht. Hier sind dann andere Qualitäten gefragt als die zum Durchstehen einer Kanzlerschaft, nicht das Gespür für Stimmungen, nicht die Kraft der Inszenierung, nicht das Geschick im Durchqueren des parteipolitischen Dschungels, nein, es geht eher um schnelles, entschiedenes Management. Allerdings galten diese Bedingungen nur für die ersten Wochen der Krise, für die Zeit des Schocks.

Deutschland und Angela Merkel haben in ihrer ersten Regierungszeit zwei große Krisen erlebt. Die erste war der Krieg in Georgien, die zweite war die Weltfinanzkrise. Beide Krisen sind in ihren Folgen noch nicht abgeschlossen, deshalb ist noch nicht sicher, wie erfolgreich das Management wirklich war. Ich kann hier nur eine Zwischenwertung geben, wie wirkte das Management auf einen Betrachter, als die Krisen heiß waren und in den Monaten unmittelbar danach.

Angela Merkel hatte vor dem Krieg in Georgien keine hohe Meinung von Staatspräsident Micheil Saakaschwili. Man könnte auch sagen: das Gegenteil. Bei einer Begegnung fand sie ihn pfauenhaft und aufdringlich. Eigentlich mag sie den Charme südeuropäischer Männer im Umgang mit Frauen, zum Beispiel den vom Präsidenten der EU-Kommission, José Manuel Barroso. Aber der ist dabei zurückhaltend, Saakaschwili fand sie plump. Das erzähle ich deshalb, weil in dieser Krise kurzzeitig eine andere Angela Merkel erkennbar wurde als sonst. Es war nicht die abgeklärte, gleichmütige Totalpolitikerin, als die sie sonst erscheint. Plötzlich wurde der menschliche Faktor sichtbar. Das kann ein Zufall sein. Das kann aber auch an der Überrumpelung liegen, die eine große Krise für einen Politiker bedeutet. Es blieb nicht so viel Zeit für Tarnung, für die innere Abklärung. Eines aber spielte gewiss eine Rolle: Ein Krieg spricht das Menschliche an wie nichts anderes. Es ist die Ballung von Leiden und Tod.

Das Folgende ergibt sich aus der ausführlichen Erzählung eines engen Mitarbeiters von Merkel.

In der Nacht vom 7. auf den 8. August 2008 lässt Saakaschwili die abtrünnige Provinz Südossetien mit Raketen angreifen. Sie hat sich nach dem Ende der Sowjetunion von Georgien losgesagt und unterhält enge Verbindungen zu Russland. Saakaschwili will Südossetien wieder unter georgische Kontrolle bringen. Seit Jahren gibt es deshalb Geplänkel, Schusswechsel, Provokationen.

Merkel wird von der Attacke überrascht. Sie ist zornig auf Saakaschwili. Dieser Heißsporn treibt die Welt in einen neuen Ost-West-Konflikt, womöglich einen neuen Kalten Krieg. Die Vereinigten Staaten stellen sich sofort auf die Seite Georgiens, die Russen schicken Panzer und Truppen von Nordossetien durch den Roki-Tunnel nach Süd-Ossetien. Wenn Merkel im Kanzleramt ist, verfolgt sie den Krieg am Fernseher. Sie telefoniert viel mit Nicolas Sarkozy, dem französischen Präsidenten, der gerade die EU-Präsidentschaft innehat. Sie stimmen sich eng ab. Sie telefoniert mit Bush, mit Medwedew. Die georgischen Truppen sind bald aus Südossetien vertrieben, aber die Russen begnügen sich damit nicht. Sie rücken nach, stoßen ins georgische Kernland vor. Es kommt dann zu diesen gespenstisch-bedrohlichen Bildern von einer russischen Panzerkolonne, die selbstherrlich und unbehelligt durch Georgien kurvt. Merkel sieht das, sie guckt n-tv, sie guckt CNN. Was sie jetzt wahrnimmt, ist imperiales Machtgehabe der Russen. Sie sind Eroberer, Gewaltherrscher, Besatzer. Da ist sie empfindlich. Saakaschwili mag ein höchst zweifelhafter Politiker sein, aber er ist der gewählte Präsident einer Demokratie. Sie ist immer noch skeptisch gegenüber Saakaschwili. Aber der große Zorn richtet sich gegen die Russen.

Das eigentliche Krisenmanagement macht Sarkozy, der für die EU einen Friedensvertrag zwischen Georgien und Russland aushandelt. Merkel soll seine Bemühungen bei Reisen zu Medwedew und Saakaschwili unterstützen. Damit hat sie an einem Wochenende zwei heikle Besuche vor sich. Es gibt ein schwieriges Verhältnis zu Russland, und es gibt ein schwieriges Verhältnis zu Georgien.

Georgien und die Ukraine hatten Anträge gestellt, der Nato beizutreten. Dazu gibt es einen sogenannten Membership Action Plan (MAP), eine Art Schuhlöffel in die Nato hinein. Die Amerikaner sind unbedingt dafür, dass Georgien und die Ukraine in die Nato aufgenommen werden, weil ihnen jeder Staat willkommen ist, der sich in die Phalanx gegen den alten Rivalen Russland einreiht. Die West- und Südeuropäer sind eher skeptisch.

Merkel war vor dem Krieg sehr skeptisch, sie war gegen den MAP für die beiden Kandidaten. Die Demokratien dort sind noch nicht gefestigt, es gibt territoriale Probleme, Kriegsrisiken, die jeweils mit Russland zusammenhängen. Im April 2008 gab es einen Nato-Gipfel in Bukarest, wo Bush den MAP für Georgien und die Ukraine erzwingen wollte. Merkel stemmte sich dagegen, Sarkozy überließ ihr die Verhandlungen. Wenn ihr steht, stehen wir auch, wurde deutschen Diplomaten zugeraunt. Es müssen heiße Verhandlungen gewesen sein.

Die Polen waren auf Seiten der Amerikaner, es wurde geschimpft, geschrien. Merkel stand. Das heißt, auf einem Bein wackelte sie leicht. Den Georgiern und Ukrainern wurde zugesichert, dass sie in die Nato aufgenommen würden, eines Tages, irgendwann, aber der MAP wurde ihnen nicht gewährt.

Ich habe bei der Reise nach Straßburg am 15. April 2008 kurz sehen können, was das für diese Länder heißt, wie schlimm das für manche ist. Merkel besuchte dort das Parlament des Europarats, um eine Rede zu halten. Gleich an der Tür stürzte sich ein georgischer Fernsehjournalist auf sie. »Mrs. Chancellor, one question«, rief er. Warum sie Georgiens Beitritt zur Nato nicht unterstütze. Merkel überhörte das, sie zog weiter mit ihrer Entourage, schnellen Schrittes. Der Georgier rannte hinterher, er wurde immer wieder von Merkels Leibwächter abgedrängt, machte einen neuen Anlauf. »Mrs. Chancellor, one question.« Er gab nicht auf. Er rannte, er drängte, er schrie: Warum wollen Sie Georgien nicht in der Nato haben? Merkel zog ungerührt weiter. Schließlich wurde der Journalist an einer Tür abgedrängt, festgehalten. Er stand keuchend da, wie am Boden zerstört. Natürlich wollte er seine Bilder haben von der deutschen Bundeskanzlerin, ihr Statement. Aber hinter diesem verzweifelten Bemühen stand mehr, stand das Entsetzen, dass man sein Land allein ließ, allein mit den Russen. Das macht Merkels Entscheidung nicht falsch, aber es zeigt, was ihr in Tiflis bevorstehen konnte.

Auch was problematisch an der Reise zu Medwedew

sein konnte, lässt sich anhand ihrer Reise nach Straßburg illustrieren. Merkel hielt vor dem Parlament des Europarats eine Rede, die sich vor allem um Menschenrechte drehte. Sie sprach dort deutlich mit Bezug auf Russland. »Unseren Werten Geltung zu verschaffen ist nichts Abstraktes, nichts für Sonntagsreden«, sagte sie. Es gebe »eine Pflicht zur gegenseitigen Einmischung, wenn es um die Menschenrechte geht.«

Merkel hatte in der Politik gegenüber Russland deutlich die Akzente verschoben. Schröder unterhielt und unterhält eine enge Freundschaft zum »lupenreinen Demokraten« Putin, der dann auch einen kleinen Beitrag zu Schröders Altersversorgung leistete, indem er ihm einen Job bei einer Tochter des staatlichen Gasriesen Gazprom besorgte. Mit öffentlicher Kritik an den Zuständen in Russland hielt sich Schröder als Kanzler öffentlich zurück, im Georgien-Krieg nahm er Partei für Russland.

Merkel spricht sehr gut Russisch, sie liebt die russischen Autoren Tolstoi und Dostojewski und hat auch keine unangenehmen Erinnerungen an die russischen Soldaten in ihrer Heimatstadt Templin. Aber sie glaubt an eine Universalität der Menschenrechte und den Auftrag von Demokratien, sich in aller Welt für diese Menschenrechte einzusetzen. Deshalb gab es schon vor der Georgien-Krise Spannungen zwischen Russland und Deutschland.

Vor ihrer Reise nach Sotschi in der Krise gab es eine Ungewissheit, wer den harten Kurs der Russen in Georgien zu vertreten hat. Als starker Mann trat Putin auf. Die Deutschen hatten die Hoffnung, bei Medwedew eine höhere Versöhnungsbereitschaft zu finden. Merkels Lager hatte sich vor allem das Mittagessen als Gelegenheit ausgeguckt, hinter Medwedews Fassade zu schauen. Politik wird in solchen Situationen zu einem Theater des Menschlichen. Es geht um Psychologie, um Gesten, um Gesichter, um Betonungen, um die Nuancen der Wortwahl. Ein Zucken, ein Zögern kann zur Hoffnung werden. Merkel und Medwedew haben ein relativ entspanntes Mittagessen, aber es gibt kein Anzeichen dafür, dass er andere, mildere Vorstellungen hat als Putin. Bei der Pressekonferenz sind Spannungen deutlich erkennbar. Medwedew greift Saakaschwili an, Merkel kritisiert das russische Vorgehen in Georgien. Beide zeigen Unbehagen, während der andere redet.

Am nächsten Tag fliegt Merkel nach Tiflis. Auf dem Hinflug zeigt sie sich skeptisch gegenüber Saakaschwili, erzählen später Journalisten, die dabei waren. Dann trifft sie den georgischen Präsidenten und gibt danach eine erstaunliche Pressekonferenz. Sie sagt: »Ich glaube, dieses klare politische Statement ist in dieser Situation auch noch einmal sehr wichtig: Georgien ist ein freies, unabhängiges Land, und jedes freie, unabhängige Land kann gemeinsam mit den Mitgliedern der Nato entscheiden, wann und wie es in die Nato aufgenommen wird. Es wird im Dezember eine erste Begutachtung der Situation geben, und wir sind auf einem klaren Weg in Richtung einer Nato-Mitgliedschaft.«

MAP für Georgien? Ein heftiger Kurswechsel der Bundeskanzlerin?

Den Journalisten fällt auf, dass Merkel auf dem Rückflug ganz anders von Saakaschwili erzählt als auf dem Hinflug, viel freundlicher. Was ist passiert? Gab es den menschlichen Moment, einen sympathisch-überzeugenden Auftritt von Saakaschwili, der Merkels Haltung gedreht hat? War es der Ort, die Nähe des Krieges? Merkel äußert sich dazu nicht.

Als sie in Berlin ist, wird klargestellt, dass »Bukarest« weiter gelte, kein MAP, Beitritt zur Nato irgendwann. Aber inzwischen ist die große Deutungs- und Hysterisierungsmaschine auf Hochtouren gelaufen, die Amerikaner freuen sich über einen Kurswechsel der Deutschen, die Georgier schöpfen Hoffnung auf einen zeitnahen Beitritt, im Auswärtigen Amt wird man misstrauisch, weil ein Wechsel nicht abgesprochen war. Es ist nichts kaputtgegangen durch diesen Auftritt, aber er war höchstens »suboptimal«, wie Schröder einmal selbstkritisch über seine Fernsehpolterei am Wahlabend 2005 gesagt hat. Und es war ihr wichtigster öffentlicher Auftritt in dieser Sache, keine Kleinigkeit. Dass die Worte der Bundeskanzlerin manchmal erklärungsbedürftig sind, wird sich auch in der nächsten großen Krise zeigen.

Saakaschwili hat zum *Spiegel* gesagt: »Keiner meiner internationalen Besucher hat mich kritisiert. Sie haben nach Details gefragt. Aber alle verstehen die Lage hier bestens.« Man muss das nicht glauben. Aber da sich in den Monaten nach dem Krieg immer mehr Indizien fanden, die Saakaschwilis Schuld am Krieg belegen, kann man durchaus feststellen, dass er, der Kriegstreiber, auch von Merkel zu freundlich behandelt wurde.

Etwas anderes gelingt. Das ist das Zusammenspiel mit Außenminister Frank-Walter Steinmeier. Der hatte Schröders Kurs fortgesetzt, wollte in Russland einen Wandel durch Verflechtung erreichen, durch eine Wirtschafts- und Modernisierungspartnerschaft mit dem industriell rückständigen Riesenreich. Man hätte sich jetzt gegenseitig vorwerfen können, die Krise geschürt oder Russland falsch eingeschätzt zu haben. Aber das unterblieb. Es herrschte die große Krise, mit Ängsten vor einem dauerhaften Krieg, vor einem Flächenbrand, da auch andere Nachbarn schwierige Verhältnisse mit Russland haben, mit Ängsten vor einem Eingreifen der Amerikaner, vor einem großen Krieg im schlimmsten Fall also. Es kam so nicht, aber es gab diese Stimmung. Und Merkel und Steinmeier taten genau das Richtige, sie stimmten sich eng ab, ihre Lager hielten sich zurück mit den üblichen Sticheleien, und die Bundesrepublik trat nach außen geschlossen auf. Zwar war Steinmeier bald schon wieder besorgt, dass sich die Kanzlerin auf das Konzept der Modernisierungspartnerschaft draufsetzen könne, das er für sich reklamierte, aber das war nach der heißen Krisenphase. Als Vernunft dringend gefordert war, zeigten sich die deutschen Spitzenpolitiker vernünftig. Das ist das Mindeste, was man erwarten darf, sicher, aber so wie Politik in den Normalzeiten ist, war ich mir nicht sicher, dass sie es hinkriegen würden.

Es dauerte nur wenige Wochen, bis die nächste große Krise ausbrach. Diesmal waren es die Finanzmärkte, die die Welt in die Angst vor einer Katastrophe stürzten. Die Ursache liegt ein paar Jahre zurück und scheint zu klein, zu banal, um die Welt komplett verwandeln zu können, ihr ein neues Antlitz zu geben. Anfang des Jahrtausends war Geld in den USA billig und reichlich vorhanden. Die Geldinstitute wollten Geschäfte damit machen und trieben die Amerikaner zu Hauskäufen. So gut wie jeder bekam einen Immobilienkredit, ob er nun solvent war oder nicht. Und die Geldinstitute ließen die Kreditpapiere nicht einfach liegen, sondern überlegten, wie sie damit weiteres Geld verdienen konnten. Also wurden die Kreditpapiere verbrieft und in den Handel gegeben. Aber Handel war nicht einfach Kaufen und Verkaufen, sondern Handel war auch Wetten und Spielen, ein großer Zirkus der Illusionisten, der sie immer weiter von der realen Grundlage, den Hauskrediten entfernte. Und mit jedem neuen Geschäft wurden Hebel angesetzt, wuchs die Summe des Geldes, das als Hoffnung gehandelt wurde. Eine Blase entstand, und sie ist in den vergangenen Jahren geplatzt, weil es eben sehr riskant ist, aus Dreck Geld zu machen. Viele Hauskäufer konnten ihre Kredite nicht mehr bedienen, die Kreditpapiere wurden wertlos. Die Blase ist geplatzt. Es hat eine Weile gedauert, bis sich das auswirkte, aber im Spätsommer 2008 gingen plötzlich die großen amerikanischen Investmentbanken in die Knie. Lehman Brothers musste ganz aufgeben.

Es dauerte nicht lange, bis die schwarze Flut nach

Europa schwappte, auch nach Deutschland. Überall waren milliardenschwere Kredite faul, Papiere nichts mehr wert. Die staatliche Bank IKB hatte es schon 2007 umgerissen. Damals dachten die Deutschen noch, sie würden damit davonkommen, glimpflich also. Doch dann geriet auch hierzulande die Welt aus den Fugen. Im September gab Bundesfinanzminister Peer Steinbrück dem *Spiegel* ein Interview, in dem er beruhigte, beschwichtigte. Doch zwei Tage später war er in eine plötzliche Rettungsaktion verstrickt. Die Hypo Real Estate Holding, ein Geldhaus, das in den Deutschen Aktienindex (Dax) aufgenommen worden war, weil es als besonders solide und kräftig galt, stand vor der Insolvenz. Es musste gerettet werden, bevor am Montagmorgen die Bankschalter öffneten. Das Rennen gegen die Katastrophe begann, die hohe Zeit des Krisenmanagements.

Deutschland veränderte sich in atemberaubender Geschwindigkeit. In einem Land, das Politiker misstrauisch beäugt und Beamte verachtet hatte, stiegen Politiker und Beamte zu letzten Hoffnungsträgern auf. Die Banker hatten versagt, die Wirtschaft insgesamt war diskreditiert und ratlos. Der Wert des Wortes Freiheit, das das wichtigste Wort der Wirtschaft gewesen war, sank in der allgemeinen Gunst. Nun wurde nach Kontrolle gerufen, Kontrolle der Banken, Kontrolle über die ökonomische Gier insgesamt. Im Herbst 2008 waren die wichtigsten Akteure des Wirtschaftsgeschehens zwei Politiker und zwei Beamte, Angela Merkel und Finanzminister Peer Steinbrück sowie Jens Weidmann, der Abteilungsleiter Wirtschaft im

Kanzleramt, und Jörg Asmussen, Staatssekretär im Finanzministerium. Das Wort »neoliberal« verschwand praktisch aus der politischen Debatte. Auf den Staat kam es an, also vor allem auf die Bundeskanzlerin.

Die Stationen in der ersten Phase des Krisenmanagements waren diese: Die Bundesregierung garantierte die Spareinlagen. Sie spannte einen Rettungsschirm für die abstürzenden Banken. Merkel und Steinbrück reisten zu einem Weltkrisengipfel nach Washington, wo zwanzig Staaten über eine neue Finanzordnung berieten. Es gab ein erstes Paket mit staatlichen Anreizen, um die Konjunktur zu beleben. Der Staat beteiligte sich mit 25 Prozent plus einer Aktie an der Commerzbank, die sich damit praktisch in ein Staatsunternehmen verwandelte. Im Januar wurde ein zweites Konjunkturpaket geschnürt. Zudem entwickelte sich eine Debatte über die Frage, ob der Staat sich nur an Banken oder auch an anderen Unternehmen beteiligen solle.

Derweil trudelte die Wirtschaft in eine schlimme Krise. Inlandsnachfrage und Exporte sackten ab, die Zahl der Arbeitslosen stieg wieder an. Die Bundesrepublik erwartete die schlimmste Rezession ihrer Geschichte.

Als ich dieses Buch Ende Januar 2008 abgeschlossen habe, war nicht absehbar, wie schlimm die Krise werden würde und wie die Krisenpolitik der Bundesregierung gewirkt hat. Aber mit dem zweiten Konjunkturpaket ging die erste, die akute Phase des Krisenmanagements zu Ende. Es zeichnete sich da schon ein deutlicher Eindruck von Angela Merkel als Krisenkanzlerin ab. Darum soll es nun gehen, nicht um die Wirkungen ihres Handelns, sondern um das Handeln selbst. Welchen Eindruck hat Angela Merkel in der schwierigsten Zeit ihrer Kanzlerschaft gemacht?

Die Krise ist eine Zeit der Führung. Es herrscht eine allgemeine Ratlosigkeit, Hilflosigkeit. Es sind auch, wie eingangs dieses Kapitels beschrieben, die üblichen Hemmnisse für politische Durchsetzung außer Kraft gesetzt oder zumindest geschwächt. Im Prinzip sind alle dankbar, wenn jemand einen Weg weist, auch als Mittel gegen die eigenen Ängste. Herfried Münkler hat das so gesagt: In der Krise müsse der Bundeskanzler zumindest den Eindruck erwecken, er habe »die Herrschaft über das Geschehen«. Da wurde gerade der neunzigste Geburtstag von Helmut Schmidt gefeiert. Er war ein Bundeskanzler, um den sich der Mythos rankte, dass er die Dinge im Griff hatte, als es schwierig wurde. Seine Krisen waren der rasante Anstieg des Ölpreises und der Versuch der RAF, die Terroristen, die in Stammheim inhaftiert waren, freizupressen.

Zunächst sah so schlecht nicht aus, was Merkel machte. Die Große Koalition brachte es fertig, den Rettungsschirm für die Banken innerhalb einer Woche durch Bundestag und Bundesrat zu treiben. Aber das passierte unter den Bedingungen eines idealen Krisenszenarios. Das Land stand unter Schock, die Politik stand unter Schock. Es herrschte eine relative Ruhe, in der Führung gut möglich war.

Bald stellte sich allerdings heraus, dass der Rettungsschirm zumindest kurzfristig nicht wirkte. Nur wenige Banken nahmen ihn in Anspruch. Es war nicht besonders geschickt, die Obhut des Staats quasi mit Strafen zu bewehren, zum Beispiel einer Gehaltsobergrenze von 500 000 Euro für Vorstände von Banken, die sich unter den Rettungsschirm begeben hatten, es aber gleichzeitig den Bankern zu überlassen, ob sie sich in die Obhut des Staats begeben wollten oder nicht. Die meisten sagten zunächst: Nein, wollen wir nicht. Zwang hätte den Kreditkreislauf womöglich schneller in Bewegung gebracht.

Es wurde rasch klar, dass die Krise sich nicht auf den Bankensektor beschränken, sondern die gesamte Wirtschaft erfassen würde. Die Frage war nun, ob der Staat eingreifen sollte, um die Konjunktur zu stützen. Die meisten Experten waren sich einig, dass, bei aller Skepsis gegenüber Ausgabenprogrammen, nun deren Stunde geschlagen habe. In der wirklich großen Krise müsse der Staat entweder selbst massiv Geld ausgeben oder dafür sorgen, dass die Bürger mehr Geld ausgeben können, indem sie weniger Steuern und Abgaben zahlen. Am besten sei beides. Als sich die Politik aus der Schockstarre gelöst hatte, wurde dies die große Debatte der ersten Krisenphase.

Was tat Angela Merkel? Sie blieb Angela Merkel.

In einer politischen Debatte gibt es zwei Zeitpunkte, Führung zu zeigen. Der eine liegt am Anfang, wenn die Positionen definiert werden. Der Politiker, der führen will, kann klar sagen, welches die eigene Position ist und damit die Debatte bestimmen. Der andere Zeitpunkt ist der Kristallisationspunkt der Debatte, also kurz nachdem sich gezeigt hat, welche Position gewinnen wird. Der Politiker, der führen will, kann sich die stärkere Position zu eigen machen und durchsetzen.

Merkel hat beide Zeitpunkte nicht genutzt. Am Anfang der Debatte zeigte sie sich skeptisch gegenüber jeder Form von Staatseingriffen, sowohl gegenüber Ausgabenprogrammen als auch gegenüber Steuererleichterungen. Aus ihrer Umgebung kam der Hinweis, dass sich hier die ehemalige Bürgerin der DDR zeige. Merkel habe erlebt, wie ein Staat eine Ökonomie zugrunde richten könne. Deshalb wolle sie auch keine beherzten Eingriffe bei den Banken.

Hatte sie sich grundsätzlich für einen Weg der Zurückhaltung entschieden, ein zweites Leipzig sozusagen, eine Festlegung darauf, das Geld des Staates zusammenzuhalten? Nein, die Bundeskanzlerin verfolgte eine Doppelstrategie. Im Prinzip begab sie sich wieder in den Zustand der Schwebe, ihren Lieblingszustand. Sie wartete ab. Es war eine seltsame Zeit mit ihr. Einerseits kamen Signale, dass sie wenig hält von Konjunkturprogrammen, vor allem von Steuererleichterungen. Andererseits wurde gesagt, dass man abwarten müsse, was Obama mache, wenn er die Präsidentschaft in den Vereinigten Staaten übernimmt. Dann würde es eventuell auch in Deutschland zu neuen, abgestimmten Staatseingriffen kommen. Aber warum warten? Es war schon im November klar, dass Obama massiv in die amerikanische Wirtschaft investieren würde. Es gab keine Konsistenz in Merkels Argumentation, keine Linie. Alles wirkte unentschieden, zögerlich, ungekonnt. Dementsprechend war das Ergebnis. Es gab ein kleines Konjunkturprogramm I, von dem niemand erwartete, dass es die Krise wirklich lindern würde. Die Debatte ging weiter und wurde auch europäisch geführt. Vor allem der französische Präsident Nicolas Sarkozy kritisierte Merkel unverhohlen für ihre Weigerung, rasch eine Menge Staatsgeld in die Konjunktur zu pumpen. Eine Weile wirkte Deutschland fast isoliert in der EU.

Merkel blieb ambivalent und verschwand hinter ihrem Finanzminister. Es war Steinbrück, der für die Regierung eine Linie vertrat und damit zur tragischen Figur wurde. Bis zum Sommer 2008 war er der Vater des größten Erfolges der Großen Koalition: Die Bundeshaushalte kamen mit sinkenden Defiziten aus, so dass für das Jahr 2011 eine Neuverschuldung von null angepeilt werden konnte. Diesen Erfolg wollte Steinbrück auch in der Krise verteidigen. Deshalb war er vehement gegen niedrigere Steuern und skeptisch gegenüber Ausgabenprogrammen. Und das hat er so in aller Deutlichkeit gesagt.

Im Dezember 2008 haben wir mit Steinbrück ein Interview geführt, das zu den denkwürdigsten meines Lebens gehört. Wir vom Spiegel traten in dem Gespräch für ein kräftiges Konjunkturprogramm ein. Wir saßen in Steinbrücks Büro, und nach fünf Minuten herrschte eine brodelnde Stimmung. Nach fünfzehn Minuten dachte ich, gleich wird Steinbrück meinen Kollegen Michael Sauga, der den Finanzminister unbeirrbar mit Argumenten für ein Konjunkturprogramm traktierte, anfallen und würgen. Steinbrück dampfte wie eine Lok in voller Fahrt. Ich streute eine harmlose Frage ein, um ihn etwas zu beruhigen. Aber bald stand er wieder unter Volldampf. Wir haben das Interview knapp ohne offene Schreierei zu Ende gebracht.

Obwohl ich für ein kräftiges Konjunkturprogramm war, hat mir Steinbrück gut gefallen. Er hatte eine Haltung und hat sie beherzt vertreten. Es waren anderthalb Stunden, die den Gegenentwurf zu Merkels Kanzlerschaft zeigten, die Antithese: Festlegung, Kampf mit offenem Visier. Politik wirkt stark in solchen Momenten.

Doch schon im Januar musste Steinbrück all das vertreten, wogegen er sich gewehrt hatte. Die Große Koalition beschloss ein zweites Konjunkturprogramm, mit neuen Staatsausgaben und mit niedrigeren Steuern. Die Staatsschulden werden also wieder in die Höhe schießen, der Bundeshaushalt wird in absehbarer Zeit nicht ohne Defizit auskommen. Steinbrück wirkte sehr schwach, als er sagte, er habe nur so vehement gegen Staatsprogramme argumentiert, um eine noch höhere Neuverschuldung zu verhindern.

Solche Wechselbäder hat sich Angela Merkel erspart. Seit Leipzig weiß sie, dass es oft die starken Worte sind, die ein Politiker später fressen muss. Sie war zwar prinzipiell auf Steinbrücks Linie, hatte die aber leiser vertreten und sich Hintertürchen offen gehalten. Am Ende stand sie bei den Eingeknickten, aber halb verdeckt von Steinbrück.

Merkel hatte auch den zweiten Zeitpunkt, Führung zu zeigen, verstreichen lassen. Als im Spätherbst immer schlimmere Wirtschaftszahlen auf das Land prasselten, zeichnete sich bald ab, dass ein zweites Konkjunkturpaket unvermeidlich sein würde. Der öffentliche Druck wuchs, und in den Regierungsparteien CSU und SPD minus Steinbrück baute sich eine starke Stimmung für ein üppiges Staatsprogramm auf. Merkel blieb zurückhaltend.

Am Ende hatte sie nicht geführt, sondern war geführt worden. Die Kollegen Sarkozy und Brown trieben sie vor sich her, genauso Horst Seehofer, die meisten Experten sowie ein großer Teil der Öffentlichkeit. Am Ende versuchten ihre Spindoktoren das Ganze als große Strategie zu verkaufen. Es sei alles so gekommen wie von Merkel geplant. Das aber wirkte fast albern.

Merkel hat in jenen Monaten zudem einen weiteren Mangel bestätigt. Auch in der Krise wandte sie sich nicht mit einer großen Rede an die Bevölkerung. Ich habe mal nachgefragt, ob an einer solchen Rede gearbeitet werde. Es sei jetzt nicht die Zeit dafür, hieß es, zu viel andere Arbeit, später. So wurde Warten auf Angela Merkel ein großer Sport für alle Beobachter ihrer Kanzlerschaft.

In der Krise wurde sie vom Rätsel zum Typus. Ihre Entschlossenheit während des Leipziger Parteitags erschien nun endgültig als Ausrutscher in ihrer Biographie. Das Konjunkturpaket II dagegen wirkt wie die Zusammenfassung ihrer Kanzlerschaft. Es ist ein Sammelsurium, eine große, breit gestreute Wohltat, die nach politischen Gesichtspunkten zusammengewürfelt wurde. Die CSU bekam etwas, die SPD bekam etwas, und die CDU fragte sich mal wieder, was das alles mit ihr zu tun habe. Es ist ein Paket, das praktisch nichts von Merkel zeigt, außer ihrem Hang zur Stille, zur Moderation, zur Nachgiebigkeit, zur Kalmierung der Gemüter – zur inhaltlichen Unsichtbarkeit.

Erstaunlich war, dass dies nichts an ihrer Beliebtheit in der Bevölkerung änderte. Ihre Zustimmungswerte lagen auch in der ersten Krisenphase stabil über sechzig Prozent. Deshalb wirkte die Kritik an ihr manchmal wie eine rein professionelle Kritik, eine Kritik der Experten, während die, für die Politik gemacht wird, zufrieden waren. Aber diese guten Zahlen sind auch Ausdruck von Merkels Konturschwäche. Wer sich positioniert, der spaltet. In einer Gesellschaft wie der Bundesrepublik kann man mit einer deutlichen Position kaum mehr als fünfzig Prozent Zustimmung bekommen, da sich das Land in den meisten wichtigen Fragen in der Mitte teilt. Wer die Festlegung meidet, wird freundlich betrachtet, weil er nicht herausfordert und nicht weh tut. Insofern ist Merkel durchaus eine Kanzlerin für alle.

FAZIT UND AUSBLICK

Es ist etwas sehr Merkwürdiges mit dieser ersten Kanzlerschaft von Angela Merkel. Sie hat die meiste Zeit gehandelt oder eben nicht gehandelt, als warte sie auf etwas. Es war eine Zeit des Transits, eine Zeit im Wartesaal. Die Jahre zwischen dem Herbst 2005 und dem Herbst 2008 waren wie die Vorzeit zu einem großen Ereignis. Und dann kam dieses Ereignis, die Weltfinanzkrise. Die Bundeskanzlerin hat nicht darauf gewartet, das sicher nicht. Sie war im Transit zur nächsten Bundestagswahl. Es ist nur dieser Zufall merkwürdig: dass sie Politik gemacht hat, als wären wir in einer Zwischenzeit, und im Nachhinein muss man sagen, dass wir es wirklich waren. Es war die Zeit zwischen den beiden welthistorischen Schocks von 2001, dem Anschlag auf Amerika, und 2008, der ökonomischen Erschütterung. Das macht ihre Politik der Zurückhaltung nicht besser, im Gegenteil. Ein paar entschiedene Reformen hätten Deutschland geholfen, gut durch die Krise zu kommen.

Die Jahre 2005 bis 2008 waren noch aus einem anderen Grund eine Wartezeit. Es war das Warten auf die Zeit nach George W. Bush, ab dem Frühjahr 2008 die Zeit des Wartens auf Barack Obama. Mit Bush fiel Amerika als Partner einer Weltpolitik aus. Er zog stur den Krieg im

Irak durch, er fügte der Demokratie schweren Schaden zu, indem er das Lager von Guantanamo errichten ließ, er steuerte sein Land in einen neuen Antagonismus mit Russland hinein, und er fiel insgesamt als Partner aus, weil er mit religiöser Starrheit und neokonservativer Ideologie an einem rückwärtsgewandten Amerika baute. Besonders schlimm war seine Weigerung, den Klimawandel ernsthaft zu bekämpfen.

Deshalb endete die Weltzwischenzeit erst Anfang 2009, als Obama Präsident der Vereinigten Staaten von Amerika wurde. Leider endete da noch nicht das Warten in Deutschland, weil sich die Politik für die Bundestagswahl rüstete. Merkel blieb im Transitzustand.

Es waren also Übergangsjahre, die wir mit ihr erlebt haben. Wird sie nicht mehr gewählt, geht sie als Übergangskanzlerin in die Geschichte ein, beziehungsweise fällt sie aus der Geschichte weitgehend heraus. Erste Frau, erste Ostdeutsche – das bleibt. Die große Tat aber fehlt, anders als bei Adenauer, Brandt, Kohl und Schröder. Würde sie noch einmal Kanzlerin, stellten sich ihr große Aufgaben. Die Frage ist, welche Aufgaben sind das, und wäre Merkel in der Lage, sie zu lösen?

Wir sind alleine mit den Politikern, und Politik ist wieder wichtig. Das sind zwei Erkenntnisse aus den vergangenen Jahren. Anders gesagt: Politik kann nur von Vollblutpolitikern gemacht werden, weil sie zu komplex ist für andere, zu speziell. Und die Globalisierung kann nicht sich selbst überlassen werden, schon gar nicht Finanzexperten oder anderen Managern. Ein ungezügelter Ökonomismus treibt uns in den Abgrund. Er vernichtet unseren Wohlstand und führt zur Klimakatastrophe. Es braucht Leute, die der Gier eine Grenze setzen. Das können nur Politiker sein, weil bei ihnen trotz aller Parteilichkeit, trotz aller Egoismen am ehesten ein Sinn für das Gemeinwohl zu erwarten ist.

Denn darum geht es letzten Endes: Wie kann ein Optimum an Gemeinwohl erreicht werden? Die Antwort auf diese Frage fällt im Jahr 2009 dramatisch anders aus als im Jahr 2008. Bis zur Weltfinanzkrise wurde mehrheitlich unterstellt oder hingenommen, dass dem Gemeinwohl am besten gedient ist, wenn es möglichst wenig Zügel für den Einzelnen gibt. Wenn die Gierigen ihrer Gier folgen, haben alle etwas davon, wurde angenommen. Ihr Erfindungsreichtum, ihr Tatendrang sorgt für Wachstum, für Wohlstand nicht nur bei den Gierigen, sondern bei allen, weil ihre Aktivität Arbeitsplätze schafft und die Steuereinnahmen sprudeln lässt. Bis zu einem gewissen Maß bleibt das richtig. Aber es wurde nicht bedacht, dass die Gierigen kein Maß kennen. Es regierte die Maßlosigkeit. Es stellte sich überhaupt nicht die Frage, ob eine neue Erfindung, ein Derivat, eine Verbriefung, eine neue Finanzwette, ein neues Geländewagenmonstrum, eine neue Fluglinie nicht auch gefährlich sein könne, für den Wohlstand, für das Klima. Man sah die Möglichkeiten für einen persönlichen Gewinn und übersah die Gefahren für das Gemeinwohl. Der Gedanke daran spielte überhaupt keine Rolle. Alle waren damit entschuldigt, dass von den

Ergebnissen der eigenen Gier schon etwas für die Gemeinschaft abfalle. Damit war jede Art von Geschäftstätigkeit soziales Tun.

Damit ist es jetzt vorbei. Daran glaubt niemand mehr. Das aber ist ein dramatischer Paradigmenwechsel, denn es geht um den zentralen Begriff unserer Gesellschaftsordnung. Bis zum Herbst 2008 wurde meist unterstellt, dass Freiheit nur gut ist. Lasst den Menschen Freiheit, dann werden sie schon das Richtige tun. Aber das stimmt eben nicht. Freiheit heißt auch, dem Menschen seinen Entdeckungsdrang zu belassen. Der kennt keine Grenzen, ob in der Gentechnik, der Waffenentwicklung, dem Finanzwesen, der Erfindung immer neuer Konsum- und Verkehrsmöglichkeiten. Was zu entdecken ist, wird entdeckt, und es findet sich immer eine Moral, die das rechtfertigt. Man kann die Welt aber auch zugrunde entdecken, in jedem dieser Bereiche. Diesen Entdeckungseifer zu begrenzen hieße, erheblich in die Freiheiten des Menschen einzugreifen. Auch darin liegen Gefahren. Man muss sich nur die untergegangenen sozialistischen Systeme anschauen.

Gleichwohl, die Freiheit braucht ein Maß. Das zu finden, das durchzusetzen, ist die ganz große Aufgabe der Politik geworden. An dieser Aufgabe darf sie nicht scheitern. Die Politik hat 2006 in der Klimafrage und 2008 in der Finanzfrage damit begonnen, das zu tun. Sie hat das Heft des Handelns wieder in die Hand genommen. Es kommt jetzt immer wieder darauf an, das richtige Maß zu finden. Unter totaler Kontrolle kann sich keine Marktwirtschaft entfalten. Aber totale Freiheit führt in den Abgrund. Damit ist eine große Aufgabe der Politik für die Zukunft beschrieben.

Die andere ist die Verteidigung der Demokratie. 1989 sah es so aus, als hätten Marktwirtschaft und Demokratie den Sieg davongetragen. Der Sozialismus brach zusammen, in der Sowjetunion und deren Satelliten hatte sich der Wille nach Freiheit durchgesetzt. Demokratie und Marktwirtschaft ersetzten das alte System. China ging einen anderen Weg. Dort blieb die kommunistische Partei an der Macht, schaffte aber den Kommunismus ab. Es gelten nun ökonomische Freiheiten, kaum aber politische. Russland brach seinen demokratischen Weg nach ein paar Jahren ab. Als Putin die Präsidentschaft übernahm, errichtete er ein autokratisches Regime. Deshalb gibt es nun wieder einen Dualismus auf globaler Ebene. Auf der einen Seite stehen die Demokratien, vor allem die Länder der EU, die USA, Kanada, Japan, Australien, Neuseeland, Norwegen, die Schweiz. Auf der anderen Seite stehen die autokratischen Marktwirtschaften, vor allem China, Russland, Kasachstan, die Vereinigten Arabischen Emirate, Singapur oder Saudi-Arabien.

Lange wurde geglaubt, Marktwirtschaft und Demokratie seien auf natürliche Art und Weise miteinander verkoppelt. Es gebe das eine nicht ohne das andere. Es wurde behauptet, mit dem wirtschaftlichen Erfolg bildete sich eine Mittelschicht, eine Bürgerklasse, die irgendwann politische Rechte und Freiheiten einfordern werde, Rechte der Teilhabe, so wie es in Europa und Nordamerika im 18. und 19. Jahrhundert war. Aber vielleicht stimmt das nicht für Russland und Asien. Vielleicht gibt sich das Bürgertum mit Wohlstand und Sicherheit zufrieden und verzichtet auf die Revolution, will nicht einmal eine langsame Entwicklung zur Demokratie. 20 Jahre nach dem Fall der Mauer zeigt sich jedenfalls, dass nicht alle Staaten zwangsläufig den Weg zur Demokratie gehen.

Damit gerät die Demokratie unter Druck. Bislang war sie das einzig attraktive System auf Erden. Der Sozialismus brachte zwar Gleichheit, aber auch Lebensverhältnisse, die kaum einer aushielt. Nun riecht Parteiendiktatur plötzlich ein bisschen nach Chanel No. 5. China hat seit Jahren Wachstumsraten um zehn Prozent und es ist nicht undenkbar, dass es den Mittelschichten dort eines Tages besser gehen wird als im Westen.

Es gibt jetzt schon eine kleine Sehnsucht nach chinesischen Verhältnissen. Das Beispiel dafür ist der Transrapid. Er wurde in Deutschland entwickelt und 20 Jahre lang getestet. Aber zu mehr als einer Teststrecke konnte sich die deutsche Politik nicht durchringen. In China ging das ruckzuck. Man wollte ihn haben, also hat man in Windeseile eine Strecke gebaut. Wow, dachten viele Deutsche, so geht das also. Das bewundernde Wort dafür war Effizienz. Doch das wahre Wort dafür ist Rücksichtslosigkeit. China braucht keine langen Genehmigungsverfahren, es wird einfach eine Schneise durchs Land geschlagen, egal ob da einer wohnt, egal ob sich ein Transrapid rechnet.

Aber die Demokratie wird sich mehr und mehr an

chinesischen Verhältnissen messen lassen müssen. Rücksichtslosigkeit heißt ja auch, dass man sich nicht so sehr um Umweltfragen schert oder um Fragen der Moral bei biotechnologischen Forschungen. Rücksichtslosigkeit heißt, dem Wachstum kaum Grenzen zu setzen. Und irgendwann könnte es sein, dass ein Land wie China den Menschen mehr Wohlstand beschert als zum Beispiel die Bundesrepublik. Was sagen dann die Deutschen?

Die hadern jetzt schon mit ihrer Demokratie. Die gehen nicht mehr so gerne wählen, die schließen sich kaum noch Parteien an, die haben keine Lust, für Parlamente und öffentliche Ämter zu kandidieren, die informieren sich nicht mehr regelmäßig über Politik und zeigen sich in Umfragen gerne politik- und demokratieskeptisch. Und jetzt ist auch noch die Marktwirtschaft schwer diskreditiert, die doch als Erfindung und Voraussetzung der Demokratie gilt.

Noch ist die Demokratie in Deutschland fest verankert, aber es wäre gefährlich, sie als Selbstverständlichkeit hinzunehmen. Man muss sie pflegen und verteidigen, damit sie im Konkurrenzkampf der Systeme ihre Attraktivität behält.

Und natürlich bleibt der islamistische Terrorismus eine große Herausforderung für die Politik. Da haben sich Leute gegen unsere Lebensweise verschworen, und sie sind bereit, uns mit allen Mitteln zu bekämpfen. Das sind nun auch Männer, die mit unserer Lebensweise aufgewachsen sind, Deutsche, die zum Islam konvertierten und gelernt haben, zu hassen, was westlicher Lebensstil ist. Glück und aufmerksame Sicherheitskräfte haben lange verhindert, dass es zu einer Katastrophe kommt. Aber sie ist jederzeit möglich. Man muss sich wappnen, und auch das ist für eine Demokratie besonders kompliziert. Sicherheit und Schutz der Bevölkerung sind nicht alles, dagegen steht der Wunsch, unbehelligt von staatlichen Schutzmaßnahmen zu leben, Freiheiten genießen zu können. Der Streit zwischen den Prinzipien Freiheit und Sicherheit hat Deutschland die ganze erste Regierungszeit von Angela Merkel hindurch begleitet, und er ist nicht ausgestanden. Hier das richtige Maß zu finden, bleibt eine große Aufgabe der Politik.

Die Frage, die Deutschland in den kommenden Jahren wohl am meisten diskutieren wird, ist die Frage der Gerechtigkeit. Aber die Diskussion wird unter einem anderen Namen laufen: Ungerechtigkeit. Das ist der Eindruck, der sich in den vergangenen Jahren bei vielen Deutschen breitgemacht hat. Die meisten Untersuchungen belegen, dass die Schere zwischen Arm und Reich aufgeht, dass das Armutsrisiko wächst, während Reichtum ständig noch mehr Reichtum generiert.

Es gibt auch das Gefühl, dass die unteren Schichten ihren Beitrag zur Gesundung der Volkswirtschaft geleistet haben, und dieses Gefühl ist ja nicht falsch. Im Prinzip hat man ihnen mit der Agenda 2010 einen Deal angeboten, einen Gesellschaftsvertrag. Wenn ihr Sicherheiten hergebt, wenn ihr das Risiko auf euch nehmt, bei Arbeitslosigkeit schnell in ein Hartz-IV-Leben zu fallen, wenn ihr außerdem bereit seid, euch mit knappen Lohnerhöhungen zu begnügen, dann versprechen wir euch, dass Arbeitsplätze entstehen. Dieser Deal wurde zunächst eingehalten. Der Einzelne musste zwar Sicherheiten aufgeben und auf Lohnzuwächse verzichten, aber dem Gemeinwohl war mit den Reformen gedient, weil die Arbeitslosigkeit stark gesunken ist.

Der Deal geriet jedoch in Schieflage, als die Zahlen über die Einkommensverteilung bekannt wurden. Offenbar war den einen Verzicht für das Gemeinwohl aufgeladen worden, während die anderen nicht im Traum daran dachten, irgendwelchen Verzicht zu leisten. Der Deal wird komplett gescheitert sein, wenn sich die Rezession in Deutschland entfaltet, weil die Finanzbranche Spiele gespielt hat. Arbeitsplätze gehen verloren, Hunderttausende rutschen bald in Hartz IV.

Das Schlimme ist, dass es dann früher oder später weitere Reformen geben muss, womöglich weiteren Verzicht. Ob das noch einer mitmachen wird, ist ungewiss. Da rächt sich, dass Schröder zu kurz gesprungen ist. Da rächt sich, dass Merkel weitgehend auf sinnvolle Reformen verzichtet hat. Die Bedingungen dafür werden noch schwieriger sein als 2003. Aber das Gesundheitssystem und die Pflegeversicherung brauchen dringend eine nachhaltige neue Struktur. Auch der Haushalt ist wieder aus den Fugen geraten. Insgesamt wird der Sozialstaat mehr über Steuern finanziert werden müssen, um die Arbeit von den Lohnnebenkosten zu entlasten. Die Reichen sollten sich dann nicht beklagen, wenn ihnen höhere Lasten zugemutet werden.

Es kommen also große Herausforderungen auf die Politik zu. Ist Merkel die Richtige, um diese Herausforderungen zu meistern?

Merkel hat kein Erkenntnisproblem. Sie sieht all diese Probleme, sie kann klug darüber reden, sie hat Vorschläge, was zu tun ist. Das ist die Angela Merkel aus den Hintergrundgesprächen, die heimliche, versteckte. Die macht leider einen viel besseren Eindruck als die Merkel, die etwas durchsetzen, die Politik machen muss. Wobei sie nicht alles schlecht gemacht hat.

Zunächst die Liste der Dinge, die gutgelaufen sind in ihrer ersten Regierungszeit:

Sie hat Deutschland in der Welt meistens souverän vertreten.

Sie hat das Klimaproblem in seiner katastrophalen Bedeutung erkannt und Europa zu einem Programm gegen die Erderwärmung geführt. Sie hat dieses Thema leider vernachlässigt, als es nicht mehr populär war.

Sie hat der Union eine Wende in der Familienpolitik verpasst. Frauen mit Kindern haben nach Merkels erster Regierungszeit bessere Möglichkeiten zu arbeiten, sie haben auch mehr Druck, einem Beruf nachzugehen. Dafür sorgen bezahlte Erziehungszeiten und das Ende der Ehe als sicherer Hafen für alle Zeiten, auch nach der Scheidung.

Sie hat die Rente mit 67 eingeführt, die notwendig war,

um die Altersversorgung der demographischen Entwicklung anzupassen.

Das ist nicht wenig, aber zu wenig für eine herausragende Kanzlerschaft. Dagegen stehen vor allem ihre Versäumnisse bei der Reformpolitik und ihre Folgsamkeit in der Krise. Sie hat nicht einmal gezeigt, dass sie einen großen Kampf führen will, führen kann. Sie hat sich oft versteckt, sie hat es nie riskiert, unbeliebt zu werden. Sie wollte durchkommen, sich eine zweite Kanzlerschaft sichern. Dabei hat sie die Führung ihrer Großen Koalition unterlassen. Das ist eine große Enttäuschung. Fürs Überleben im Amt wird man nicht gewählt, sondern fürs Machen.

Die zweite große Enttäuschung ist die Sprachlosigkeit. Es wäre unbedingt notwendig gewesen, der Bevölkerung deutlich zu machen, dass es angesichts des Klimawandels nicht so weitergehen kann wie bislang. Merkel hat geschwiegen. Es wäre unbedingt notwendig gewesen, der Bevölkerung die Finanzkrise zu erklären und Auswege aufzuzeigen. Merkel hat geschwiegen. Beziehungsweise sie hat hin und wieder geredet, aber sie hat wenig gesagt. Ihre Reden klingen meist nach den Beamten, die ihr die Textbausteine aufgeschrieben haben. Alles angetippt, nichts gewagt, nichts vertieft, niemanden mitgerissen. Keine Führung, auch hier nicht.

Das ist ein merkwürdiger Umgang mit dem Volk. Einerseits wird es sehr ernst genommen. Merkel schaut auf die Umfragen und reagiert darauf. Sie lässt sich etwas vom Volk sagen. Andererseits unternimmt sie fast nichts, dieses Volk zu beeinflussen, in ihrem Sinne zu führen. In Wahrheit sitzen in Merkels Kabinett mehr Leute als die Minister, die an ihrem Kabinettstisch Platz nehmen. Politik wird gerade in den wichtigen Fragen von allen gemacht. Ob der Kampf gegen den Klimawandel gelingt, entscheidet jeder Bürger durch sein Verhalten. Wie schlimm die Depression wird, hängt auch davon ab, wie die Bürger handeln. Dem Volk durch Reden keine Orientierung zu geben heißt, die Chancen der Politik nicht vollständig zu nutzen.

Also zweimal nicht geführt: die Große Koalition nicht, das Volk nicht. Dazu die eigene Reformposition in einer dramatischen Selbstauflösung preisgegeben. Das ist wahrlich keine gute Bilanz für eine Bundeskanzlerin. Das Bild ist allerdings nicht ganz so düster, wenn man sich die Alternativen anschaut. Die beiden Konkurrenten aus der Union, Koch und Wulff, haben sich unmöglich gemacht, der eine durch einen unsäglichen Wahlkampf, der andere durch Selbstreduzierung auf Provinzmaß. Die SPD hat die selbstgewählten Alternativen Platzeck und Beck verloren, sodass nur noch Frank-Walter Steinmeier bleibt, der womöglich in einer Liga mit Merkel spielen kann. Bewiesen hat er es noch nicht, er ist gerade mal drei Jahre so richtig Politiker. Deutschland ist schon sehr allein mit Angela Merkel.

Es gibt aber noch ein Argument, das für sie spricht. Angela Merkel hat die Große Koalition am Leben gehalten. Ihre Nachgiebigkeit, ihre Art, totale Politik als totale Moderation aufzufassen, waren womöglich notwendig, damit dieses Bündnis vier Jahre lang leben kann, und Stabilität ist ein Wert an sich in der deutschen Demokratie. Es wäre tatsächlich nicht gut gewesen, hätten zwei Regierungen nacheinander vorzeitig aufgeben müssen.

Noch vor Beginn ihrer Kanzlerschaft hat Edmund Stoiber infrage gestellt, ob Merkel die Richtlinienkompetenz haben werde, die das Grundgesetz für die Bundeskanzler vorsieht. Das war damals eine Unverschämtheit, aber gegen Ende der Legislaturperiode wirkte das fast seherisch. Merkel hat die Richtlinienkompetenz für das Überleben im Amt preis gegeben.

Damit könnte sie sogar zum Modell kommender Politik werden. Denn welche Koalitionen wird es künftig geben? In der Bundesrepublik hat sich ein Fünf-Parteiensystem etabliert, weil die Bindungskraft der Volksparteien nachgelassen hat. Damit steigt die Wahrscheinlichkeit für Große Koalitionen oder Dreier-Bündnisse. Wie schwer eine Große Koaliton zu führen ist, hat sich von 2005 bis 2009 gezeigt. Ein Bündnis von SPD, Grünen und FDP oder von CDU, Grünen und FDP oder gar von SPD, Linken und Grünen dürfte noch sperriger sein. Die Interessen von drei Parteien, mit der CSU vier, fließen in die Politik ein, und es gibt zwei Bruchstellen statt einer. Ohne den großen Willen zur Moderation, zum Verzicht auf eine deutliche Richtlinienkompetenz werden diese Bündnisse bald scheitern. Schwäche würde zur Stärke eines Bundeskanzlers in dem Sinne, dass er seine Regierung zusammenhalten kann. Das sind keine guten Aussichten für die Politik. Die Entschiedenheit könnte ihr vollständig verloren gehen.

POLITIK IM CARL HANSER VERLAG

Heinz Bude
Die Ausgeschlossenen
Das Ende vom Traum einer gerechten Gesellschaft
Carl Hanser Verlag, München 2008
141 Seiten

»Bude führt jene neuen Bruchlinien, Verwerfungen und Ausschließungsmechanismen auf, die das soziale Leben im globalisierten Kapitalismus zunehmend bestimmen und diesen so kalt und ungemütlich machen. Betroffen davon sind immer größere Gruppen der Bevölkerung, und selbst jene Individuen, die glauben, (noch) auf der sicheren Seite zu sein, können jederzeit in den Strudel des sozialen Abstiegs und der sozialen Exklusion gerissen werden. ›Wir reden hier nicht von einigen Zehntausend unglückseliger und verlorener Existenzen …, sondern von Millionen von Ausgeschlossenen, die einen Keil durch unsere Gesellschaft treiben.‹ … Es gibt, mit anderen Worten, immer mehr Überzählige und Überflüssige, die von der Mehrheitsgesellschaft ausgeschlossen werden und nicht (mehr) integrierbar sind – trotz aller Sozialprogramme und staatlichen Integrationsbemühungen.«

Hans-Martin Lohmann – *Die Zeit, 21.5.2008*

Paul Scheffer
Die Eingewanderten
Toleranz in einer grenzenlosen Welt
Carl Hanser Verlag, München 2008
536 Seiten

»In den Niederlanden hat Paul Scheffer vor acht Jahren mit seinem Essay ›Das multikulturelle Drama‹ eine überfällige Migrationsdebatte ausgelöst. Sein Buch *Die Eingewanderten* hat sich rasch als Standardwerk zum Thema erwiesen. Es ist ein Buch, das gefehlt hat.«

Wolfgang Schneider – *Die Welt, 13.9.2008*

»›Im Kern geht es um die Beschreibung eines Verlustes‹, sagt Scheffer, ›einen einschneidenden Verlust, den jeder erleidet, der seine Heimat verloren hat, aber auch der Einheimische, dessen Welt sich durch die globale Migration massiv verändert.‹ … Einwanderung ist normal und hat es immer gegeben. Scheffers Panorama der Einwanderungsgeschichte Amerikas, Großbritanniens, Frankreichs, Deutschlands und der Niederlande zeigt, dass Unbehagen aufseiten der Einheimischen genauso dazugehört wie teils aggressive Abwehrreaktionen neuer Immigranten auf das Gastland. … Paul Scheffers kluge Betrachtungen über das Unbehagen in der Migrationswelt machen es niemandem leicht.«

Paul Stoop – *Handelsblatt, 26./27.9.2008*